Aceleración Estratégica

El creer que la grandeza ya existe se convierte en el enemigo de la maestría.

-Tony Jeary

Lo que dice la gente sobre Tony Jeary y su nuevo libro

Para la revista Fortune: "Si bien estoy de acuerdo que el enfoque de Jim Boehr es brillante en su originalidad (maneja tu energía más que tu tiempo), el mejor coach que hay es Tony Jeary, quien personalmente entrena a algunos de los principales CEO' s de América. Estas personas que están enlistadas en realidad no están entrenadas, ellos simplemente han creado grandes organizaciones.

-Dan Stiener, autor de *Sales Autopsy*

"Tony Jeary es el mejor coach en el negocio, y su último libro está lleno de nuevos ejemplos de la vida real, compartiendo secretos que valen millones. Haz lo que dice y estarás en el camino hacia el logro pleno de tu potencial económico".

-Jason Jennings, *New York Times*, autor más vendido de *Less Is More, Think BIG—Act Small, and Hit the Ground Running*

"Ejercicios poderosos y grandiosos ejemplos de la vida real...Este libro es una excelente herramienta para aumentar nuestra eficacia. ¡Los invito a que aprendan de Tony! Yo ya lo he hecho y nuestra organización también".

-Joe Popolo, presidente de The Freeman Tradeshow Companies

"Éste es tu mejor libro hasta ahora y debe ser un principio rector y una lectura medular para reconocer 'estrellas' y gerentes senior de las corporaciones estadounidenses. Enseña la visión, la concentración, y cómo es realmente la claridad crítica".

-Mike Gade, miembro de la junta de Home Depot

"Mi familia y yo hemos publicado a los mejores 'gurús' en el mundo durante décadas, incluyendo a Tony. Este nuevo título es una lectura obligada. Todo el mundo necesita enfoque, claridad, y ejecutar para lograr resultados más rápido".

-Vic Conant, CEO de Nightingale-Conant

"La Metodología de la Aceleración Estratégica es una manera infalible de potenciar tu éxito. Tony Jeary te puede mostrar cómo acelerar tus resultados. Créeme; Lo conozco bien."
-Joe Croce, fundador de CiCi´s Pizza

"Gracias a ti y a tu personal, hoy en día somos una mejor organización debido a nuestra relación contigo."
-Mike Berry, presidente de Propiedades Hillwood, una compañía de Perot

"Tú y las habilidades de tu equipo son absolutamente increíbles!"
-Coleman Peterson, ex vicepresidente ejecutivo de Wal-Mart

"Tú eres el consultor más proactivo con el que jamás he trabajado. Nos has dado prácticas herramientas y sistemas que, en lugar de ser "teoría", realmente funcionan. He encontrado en ti un socio concentrado en los resultados, buscando siempre formas de agregar más valor".
-Dave Wentz, presidente de la Asociación de Venta Directa, y CEO de USANA Health Sciences

"Si alguien alguna vez me pregunta quién puede ayudarles a conseguir un manejo estratégico y como encontrar soluciones rápidamente, simplemente diré, 'Tony Jeary'".
-Joel Barker, futurista y autor de *The Business of Paradigms*

"Su biblioteca de información, ideas y sistemas son un verdadero tesoro. Y su coaching uno-a-uno es absolutamente el mejor".
-R. Morris Sims, vicepresidente corporativo de New York Life

"He encontrado que los puntos de vista de Tony inspiran al público a ser prácticos y útiles a la vez."
-James O'Connor, presidente de Ford Motor Company

"No sólo estoy impresionado con sus habilidades de coaching, si no aún más importante con su verdadero compromiso de apoyar a sus clientes y construir una verdadera asociación."
-**Tom Grimm**, presidente y CEO, de Sam´s Club

"Tony siempre ha sido excelente al ayudar a los máximos líderes para desarrollar sus habilidades de comunicación y sus marcas personales. En su nuevo libro, Tony está ayudando a los líderes a aprender, crecer y dirigir con mayores niveles de eficacia e impacto. ¡Si tu deseas dirigir, o tienes el deseo de ser un mejor líder, esto es una lectura obligada! "
-**Tony Bingham**, presidente y CEO de The American Society for Training and Development

"El consejo de Tony es sólido, potente e impactante. Él ayuda a los mejores a aumentar la claridad y la concentración que impulsa los resultados en un negocio. Su nuevo libro te ayudará a hacer precisamente eso. Obtener lo anterior para todo tu equipo".
-**Mark Mitchell**, director general de la experiencia del cliente de American Airlines

"Como estratega de negocios, Tony me ha ayudado a obtener apalancamiento a través de los últimos años. Él ayuda a la gente a obtener claridad y la claridad está ligada directamente a los resultados. Toma su metodología en serio ".
-**Michael Gorey**, presidente y CEO de Firestone DP

Aceleración Estratégica

El éxito en la Velocidad de la Vida

Tony Jeary

Clovercroft Publishing

Aceleración Estratégica
El éxito en la Velocidad de la Vida

Copyright © 2016 Tony Jeary

Publicado por Clovercroft Publishing, Franklin, Tennessee

Todos los derechos reservados. Ninguna parte de esta publicación puede ser reproducida, almacenada en un sistema de recuperación de datos, o transmitida en cualquier forma o por cualquier medio, ya sea electrónico, mecánico, fotocopia, grabación o cualquier otro, sin la previa autorización por escrito del editor. Impreso en los Estados Unidos de América. Para información y consultas acudir a la siguiente dirección

ISBN-13: 978-1-942557-96-8

CONTENIDO

Prefacio.. 13

Agradecimientos.. 15

Introducción 17

Capítulo 1: La Velocidad De La Vida y tus Creencias........... 23
- Sin Claridad, Tú te Resistirás Al Cambio Estratégico
- La Percepción es la Realidad, Incluso si no es Verdad
- Tus Creencias Impactan tus Resultados
- El Valor de Cambiar; Las Creencias Estratégicas: Un Caso de Estudio
- Estrategia Contra Táctica
- La falta de Claridad Crea Necesidades Palpables
- Tú Puedes Vivir En El Problema, o Puedes Vivir en la Solución
- El Aumento de la Efectividad es el Tema Estratégico en la Mejora de los Resultados
- La Escalera de la Efectividad
- ¿Qué Tan Lejos Puedes Ver en el Futuro?

Capítulo 2: El Poder de Empuje de la Claridad: Visión 43
- Una Visión Clara es Fundamental Para el Éxito y la Efectividad
- El Valor de Combinar Oportunidad con Fortalezas Personales: Un Caso de Estudio
- La Visión Puede Transformar la Peor de las Circunstancias
- Mejorar, no Amargarse: Un Caso de Estudio
- Tener Claridad Sobre lo que Realmente Quieres
- Reconocer las Oportunidades en tu Propia Vida
- Anclar un Barco Parece Imposible, pero en Realidad es una Serie de Pequeños y Fáciles Pasos
- Entender tus Dones y Fortalezas es Fundamental

Capítulo 3: La Comprensión del "Por Qué" Produce Claridad .. 61
- La Ecuación de la Claridad
- ¿Qué y por qué: Desarrollo de tu Visión y Entendiendo tus Influencias
- Permitiendo la transparencia: Un Caso de Estudio

- Propósito: Motivadores Comunicacionales
- La Visión de un Hombre Joven se Convierte en Realidad: Un Caso de Estudio
- Valor: Expresando en las Necesidades Palpables
- La Relación del Valor en los Resultados
- Valor en Acción: Apostando a lo Verde: Un Caso de Estudio
- Claridad: Empujándote Hacia Adelante
- Táctica contra Pensamiento Estratégico
- Consecuencias de No Tener Claridad
- El Pensamiento del "Hubiera"
- El Efecto Práctico de la Claridad
- Claridad y Rendimiento

Capítulo 4: ¡La Concentración es lo Contrario a la Distracción! 85
- Aprender a Concentrarse
- Peldaño # 1: Sé Consciente de la Necesidad de Concentración
- Peldaño # 2: Clarifica la Necesidad de Mejorar tus Habilidades de Concentración
- Peldaño # 3: Concéntrate En Mejorar Tus Habilidades, Después Practica
- El Problema de Concentrarte en el Pasado
- El Problema de Concentrarte en el futuro
- Peldaño # 4: Ejecuta tu solución y haz de ella una rutina de segunda Naturaleza
- Cuatro Características Positivas de la Capacidad de Concentración

Capítulo 5: Lograr Concentrarte y Producir Resultados Reales 107
- Comparar tu Situación Actual con tu Visión del Futuro
- Conseguir Claridad en las Condiciones Actuales
- Conoce tus Aspectos Estratégicos Positivos
- Conoce tus Aspectos Estratégicos Negativos
- Fusionando Estratégicamente Los Aspectos Positivos Y Negativos: Un Caso De Estudio
- Aventurarte Hacia La Brecha
- Estrategias, Objetivos y Pasos de Acción
- Dar valor en Perspectiva a "The News Group": Un Caso de Estudio
- Organizando Tus Metas Y Posicionando Tu Concentración En Tres Niveles

- Diferenciando tu Concentración en Cada Nivel de tu Visión
- Poniéndolo Todo Junto

Capítulo 6: La Persuasión Importa **129**
- La Persuasión es Importante para la Ejecución
- El Significado de Exceder las Expectativas
- Cómo el Exceder las Expectativas Impacta en los Resultados
- Entendiendo las Expectativas
- La Persuasión es la Clave para Exceder las Expectativas
- Los Tres Elementos de una Persuasión Efectiva

Capítulo 7: Producción Antes que Perfección **153**
- El Problema de la Procrastinación
- Identificando los Fundamentos de la Procrastinación
- ¡La Procrastinación es Sólo un Mal Hábito!
- Ve Tan Lejos Como Puedas Ver, y Entonces Verás Aún Más Lejos

Capítulo 8: La Influencia Persuasiva de la Presencia Estratégica **175**
- Tu "Presencia Estratégica" Define la Percepción que Otros Tienen de Ti
- Los Bloques de Construcción de la Presencia Estratégica
- Tus Valores Contribuyen a Tu Presencia Estratégica
- Tu Comportamiento También Contribuye a Tu Presencia Estratégica
- Cómo Comunicarte Estratégicamente
- Creando Imágenes de Influencia
- Declaración de Tu Visión
- Tus Prioridades de Conducta
- Declaración de Presencia y Características
- Por Qué Estos Bloques de Construcción son Importantes
- Crear Y Sustentar una Presencia Estratégica Positiva Requiere de Repetición

Conclusión 239

Apéndice A: Creando Tú Plan de Acción de Claridad **199**
- Ejercicio 1: Crear un Cambio Voluntario
- Ejercicio 2: Entiende Tus Influencias
- Ejercicio 3: Entiende Tus Creencias Estratégicas

- Ejercicio 4: Resalta Qué es lo Que Necesitas Hacer Para Obtener lo Que Quieres
- Ejercicio 5: Documenta Tú Visión
- Ejercicio 6: Desbloquea Tus Claves Internas al Éxito
- Ejercicio 7: Explora Dónde Estás Ahora, Por Qué No Habrías de Llegar A Donde Deseas, Y Qué Puedes Cambiar:
- Ejercicio 8: Documenta el Propósito y Valor de Tu Visión
- Ejercicio 9: Crea Tu Propia Receta Para la Claridad

Apéndice B: Creando Tú Plan de Acción de Concentración 223
- Ejercicio 10: Evalúa tus Habilidades Actuales de Concentración
- Ejercicio 11: Mejora tus Habilidades de Concentración
- Ejercicio 12: Aclara tus Condiciones Actuales
- Ejercicio 13: Desarrolla tu Plan Estratégico

Apéndice C: Creando Tú Plan de Acción de Ejecución 239
- Ejercicio 14: Determina qué Decir y Cómo Decirlo
- Ejercicio 15: Da Valor y Haz Más de lo Esperado
- Ejercicio 16: Documenta lo Que Está Funcionando Bien y lo Que No
- Ejercicio 17: Describe tu Esperanza y tus Metas a Futuro
- Ejercicio 18: Examina los Comportamientos que Debes Valorar
- Ejercicio 19: Comprende Qué Eres y Qué Quieres Ser

Glosario 259

Sobre el Autor 267

Cómo Podemos Ayudarle 269

PREFACIO

AGRADECIMIENTOS

Estoy bendecido con un fantástico equipo de personas que me han ayudado a lo largo de los años, tanto con mis clientes y con este libro.

Gracias a Jim Norman, quien es nuestro presidente de la compañía, así como a mi consejero y amigo. Él invirtió casi dos años en la investigación, ayudándome a crear, escribir y organizar esta metodología, que se basa en el trabajo que hemos hecho juntos durante la última década y media.

Gracias a nuestra directora de marketing, Sara Keech, que ha viajado decenas de miles de kilómetros trabajando a mi lado y ayudándome con cientos de clientes. Ella tiene un don y un talento especial para las palabras, y la paciencia para el proceso de colaboración a veces loco que utilizo. Sus esfuerzos realmente completaron los capítulos para que quedarán claros e inspiradores para los lectores de cualquier edad, nivel de experiencia, o enfoque profesional.

Gracias también a mi equipo editorial. Peter Miller, mi agente literario, quien conectó mis obras con las personas adecuadas. Roger Cooper, mi editor, quien realmente entiende cómo es trabajar con expertos concentrados como yo, y cómo puede ayudarnos a compartir nuestros mensajes con el mundo. Y Ruth Mills, mi editora, quien trajo a nosotros sus años de experiencia como escritora, para asegurarse que el libro fuera organizado y valioso. Por último, gracias a Joe McNeely de Brilliance Audio quien con entusiasmo aceptó publicar la versión en audio de este libro.

Estoy muy agradecido con otras personas de mi equipo que me ayudaron a dar forma, organizar y mover esta metodología (enseñando a los mejores triunfadores en mi Estudio de Aceleración Estratégica) en el corazón del manuscrito. Muchas gracias a mi intrépida directora de oficina, Eloise Warden; a mi infatigable asistente personal, Adrienne Williams; a mi gerente de negocios de toda la vida, Tawnya Austin; a mi consejero literario Tammy Nolan; y a mi coach personal desde hace más de veinte años, Mark Pantak.

George Burke, Nonie Jobe, Ross Lightle, y George Lowe, todos quienes amablemente revisaron el libro y ofrecieron una visión aguda que ayudó a que el manuscrito final fuera fuerte y genuino. Y, por supuesto, a muchos otros que han contribuido indirectamente de diferentes maneras. ¡Les agradezco a todos ustedes!

Sé que esta metodología ayudará a cientos de miles a tener éxito en este ocupado y vertiginoso mundo. ¡Mucho éxito!

INTRODUCCIÓN

Este libro ofrece un proceso de pensamiento simple y estratégico que va a transformar tu manera de pensar, vivir y trabajar. Cambiará para siempre tu manera de pensar acerca de la obtención de resultados y aumentará tu efectividad en todo lo que haces. En el momento que termines este libro, serás capaz de lograr un mayor nivel de claridad acerca de lo que realmente quieres; entenderás cómo concentrarte en actividades de alto apalancamiento que aceleran los resultados que buscas; y estarás más preparado para ejecutar con confianza tus sueños o tu visión.

Aceptémoslo, la velocidad de la vida actual es frenética y vertiginosa. El tiempo es el capital más importante que tienes, y la mayoría de las personas están en números rojos. Parece que no tienes el suficiente tiempo para cultivar todas tus prioridades- que podrían incluir orientar a otros, pasar tiempo con las personas que son importantes para ti; innovar, soñar, aprender y crecer. Incluso cuando definas tus prioridades y pongas en marcha un plan para llegar a un nuevo nivel de éxito, tu disponibilidad personal siempre parece disminuir. Las prioridades se dejan de lado por demandas mayores que exigen tu tiempo y energía personal. Tus superiores, compañeros y miembros de tu equipo pueden requerir aún más de ti. Puedes distraerte por ajustes departamentales o por cambios en el mercado. Los problemas ajenos pueden convertirse en propios a través de la conveniencia o por proximidad. Antes de que te des cuenta, tus prioridades predefinidas son ahora sólo una vaga idea y te estás alejando cada vez más de lo que inicialmente te planeabas lograr.

Las personas se sienten frustradas por el reto de hacer más cosas rápidamente no teniendo una metodología o proceso que les permita hacer que esto suceda. No hay atajo o herramientas tecnológicas para ayudarte. Los softwares de productividad, las computadoras más rápidas, y un montón de nuevos gadgets están avanzando continuamente en formas diseñadas para ayudarte- al menos en teoría- a simplificar tu vida y tu trabajo. Todos vivimos en medio de la búsqueda del Santo Grial de la tecnología: ¡un dispositivo que se encargue de hacerlo todo! Tenemos la sensación de la posibilidad de una solución definitiva si podemos conseguir que nuestros teléfonos celulares, nuestro servicio de Internet, nuestras citas, nuestras listas de tareas, nuestros proyectos, y de hecho toda nuestra vida fuera almacenada eficientemente en un solo dispositivo de mano. Sentimos que cuando esto sea logrado, nuestras vidas llegarán a ser más manejables, eficientes y exitosas. Por desgracia, esto no va a suceder.

> *"No es el grande el que se come al más pequeño- es el rápido el que se come al más lento."*
> -Jason Jennings

Soy un firme creyente de utilizar la tecnología a su máxima potencia, y no creo que ninguno de nosotros pueda maximizar el éxito sin ella. Sin embargo, algo está burbujeando bajo la superficie de las aguas de la alta tecnología que intuitivamente nos advierte que ésta no es la cuestión principal cuando se trata de resultados. ¿Alguna vez has oído a alguien que haya logrado grandes éxitos darle crédito a su iPhone o a su BlackBerry? ¿Alguna vez hemos oímos a los atletas de equipos de campeonatos dar crédito a su software de productividad o a su nueva y rápida computadora por el trofeo que han ganado?

Mi enfoque a la comprensión de lo que se necesita para ser exitoso es ver todo el asunto completo como una competencia de resultados. ¡Las personas exitosas obtienen resultados superiores, más rápido! ¡La gente fracasada no!

Los resultados superiores dependen de saber cómo obtenerlos, y saber cómo se caracterizan acomodando todas las piezas juntas que permiten la ejecución de una visión. Para tener éxito en la velocidad de la vida se requiere que obtengas resultados superiores, más rápido, y logrados a propósito.

"¡Mi enfoque a la comprensión de lo que se necesita para ser exitoso es ver todo el asunto completo como una competencia de resultados! ¡Las personas exitosas obtienen resultados superiores, más rápido! ¡La gente fracasada no!"

Si le preguntas a diez personas que definan el éxito, obtendrás una variedad de respuestas. Algunos dirán que eres exitoso cuando eres feliz. Otros dirán que el éxito se logra cuando haz adquirido una cierta cantidad de dinero o una lista de "cosas". Algunos relacionan el éxito con ciertos logros específicos en su vida personal o de negocios. Todas estas son descripciones legítimas de éxito. El punto es que el éxito es un objetivo en movimiento para muchas personas, y tiene que ser más específico. Una de las preguntas que le hago frecuentemente a la gente es, "¿Qué significa el éxito para ti?" Esta pregunta siempre desencadena una gran conversación, y a través de los años, la he reducido a una simple definición con la cual la mayoría de la gente parece estar de acuerdo:

> Somos exitosos cuando logramos
> los objetivos que hemos
> establecido previamente.

Todo lo demás es por azar o casualidad. Las personas más exitosas viven sus vidas con un propósito. No se sientan a esperar a ver lo que podría ocurrir después. Ellos saben lo que quieren, y lo tienen claro y están concentrados en cómo lograrlo.

Si eres un empresario yendo tras una visión, este libro iluminará y expandirá tu pensamiento respecto a lo que necesitas hacer para ejecutar esa visión de la forma más poderosa y efectiva posible. Si eres un alto ejecutivo de una organización y buscas una estrategia efectiva para elevar la efectividad de tu equipo, la Aceleración Estratégica te mostrará un método simple y de sentido común para hacer que suceda. Si eres el líder de un equipo y buscas una forma efectiva de entrenar e inspirar a los miembros de tu equipo a desempeñarse a niveles más altos, la Aceleración Estratégica te ayudará a hacerlo. Si eres una persona que quiere acelerar su éxito personal y romper los esquemas del status quo aprendiendo a exceder las expectativas constantemente, la Aceleración Estratégica es tu pasaporte hacia un nivel de éxito más alto.

Tengo más de dieciocho mil contactos en mi agenda, reunidos cuidadosamente y retroalimentados durante los últimos veinticinco años. Son amigos y clientes que han atestiguado mi entrenamiento y mis servicios de colaboración estratégica. He trabajado e instruido de cerca a miles de ellos. Líderes de algunas de las más grandes corporaciones y organizaciones del mundo (una corta lista incluye a Wal-Mart, Samsung, Ford, Sam's Club, Qualcomm, New York Life, Firestone e incluso el Senado de los Estados Unidos) han solicitado mis conocimientos como coach. Muchos otros son empresarios exitosos; algunos aparecen en la lista *Forbes* de *Las 400 Personas más Ricas*. Los buscadores de resultados suelen venir a trabajar conmigo en mi Estudio de Aceleración Estratégica, una instalación personalizada y de alta tecnología que combina los medios tecnológicos con una biblioteca que contiene toda una vida de sistemas, procesos y mejores prácticas. He pasado los últimos veinticinco años ayudando a gente exitosa a ser más exitosa.

En el 2006, mi negocio estaba en auge, y quise comprender por qué tantas personas exitosas buscaban mis servicios de coaching, la base inicial de la comunicación estratégica, y por qué continuaban manteniéndome como un compañero y guía estratégico a largo plazo. Quise entender la naturaleza real del valor que estaba aportando a mis clientes para así poder documentar, estudiar y replicarlo aún mejor para otros.

El presidente de mi compañía condujo entrevistas duraderas, independientes y personales con treinta de nuestros mejores clientes a largo plazo. Les preguntamos cómo les había yo ayudado a lograr un éxito mayor (lo que definimos como alcanzar objetivos establecidos *con anticipación y a propósito*). Después de sintetizar todas las respuestas, descubrimos que estábamos aportando consistentemente a nuestros clientes la habilidad de acelerar los resultados significativamente con lapsos de tiempo que ni ellos creían posibles. Mediante los procesos que facilité durante nuestras sesiones de coaching estratégico, les ayudé a desarrollar:

- **Claridad**: la habilidad de tener claro lo que realmente se quiere lograr.
- **Concentración**: la habilidad de evitar distracciones para concen-

trarse en actividades de alto apalancamiento que producen los resultados más importantes.
- **Ejecución**: la habilidad de usar la comunicación estratégica para exceder las expectativas y lograr resultados más rápidamente.

La claridad, concentración y ejecución son los tres componentes básicos de la *Aceleración Estratégica,* y la gente y organizaciones exitosas las tienen en común. Los primeros ocho capítulos de este libro detallan estos componentes para ayudarte a entender, usando ejemplos reales de personas de todas las profesiones y senderos de la vida. Cada capítulo cierra con tres puntos muy importantes para ayudarte a identificar la información más importante y retenerla con más eficacia.

Los Apéndices A, B y C te guiarán mediante una serie de ejercicios diseñados para ayudarte a definir y documentar cómo es que lograrás obtener resultados superiores más rápidamente.

Lo que he aprendido con el paso de los años es que la mayoría de las personas pueden ser más exitosas cuando sus *por qué* y sus *cómo* son respondidos. Es realmente eso lo que la mentalidad de la *Aceleración Estratégica* produce consistentemente. Cuando tienes claridad respecto a tu visión, la concentración se hace posible. Cuando estás concentrado, la habilidad de ejecución se logra, y los resultados son el más grande fruto de una visión bien ejecutada. La gran ejecución fluye de un gran diseño, y un gran diseño es desplegado de una comunicación estratégica. Contarás con todo esto una vez que hayas terminado de leer este libro, así que comencemos ¡da vuelta a la página para acelerar tu éxito y prosperar en la velocidad de la vida!

CAPÍTULO 1

La Velocidad de la Vida y Tus Creencias

Es necesario cultivar una actitud
basada en la disposición para así navegar
con maestría en las aguas turbulentas del cambio.

Nunca antes había habido un momento en el que la oportunidad y la tecnología lograran fusionarse tan perfectamente. El competitivo terreno de juego se ha equilibrado al grado en que tanto un pequeño negocio como también un individuo por sí mismo pueden competir y prosperar a cualquier nivel. Las grandes compañías son altamente capaces de posicionar sus marcas y llegar a sus públicos usando métodos que en un pasado hubiese sido imposible imaginar. Hoy en día es una realidad contar con acceso instantáneo a fuentes de información y tener acceso a herramientas y recursos que nuestros no tan lejanos antecesores hubiesen considerado originarios de alguna novela de Ciencia Ficción.

"La velocidad de la vida" es un término intuitivamente sencillo de comprender con tan sólo nombrarlo. Crea un cuadro de un ritmo de vida acelerado y un séquito de oportunidades y elecciones que requieren constantes tomas de decisiones. Es un término que trae consigo el optimismo de la oportunidad, y es también un término que imparte en cierto sentido una sensación de estrés.

Mientras decides apreciarlo ya sea desde un ángulo positivo o negativo, la velocidad de la vida es una realidad que devora el tiempo a su paso y uno lidia con ello desde el momento en que despierta hasta que va a dormir por las noches. La velocidad de la vida es, tanto para empleados como para administradores, como vivir en una pecera donde prevalecen los pleitos, las regulaciones, las críticas y la competencia. Para los empleados, la velocidad de la vida puede significar enfrentarse a cambios de políticas de sus empresas, ajustes financieros y cargas de trabajo en aumento. Para los matrimonios, la velocidad de la vida puede ser sinónimo de lidiar con distracciones que afectan la comunicación y confianza, lo cual genera conflictos en las relaciones. Para padres de familias en aumento puede representar un imparable camino con agendas llenas de compromisos para el deporte, clases de baile y arte y fiestas de cumpleaños. Para los niños, la velocidad de la vida requiere que ellos vivan en carne propia la poderosa presión grupal que les exige crecer más rápido de lo que deberían. La velocidad de la vida es ardua, es real, e impacta en cada coyuntura de la vida.

Aun cuando la velocidad de la vida trae consigo ciertos retos, es creadora también de increíbles beneficios. Vives en el momento más emocionante y próspero de la historia de la humanidad. La población mundial de hoy en día se aproxima a los siete billones de personas; esto quiere decir que hay cantidades de éstas personas que tienen abundantes ideas ¡Y cada una de ellas desea algo! Esto proporciona un increíble fundamento de creatividad e ingenio. La información y la tecnología están uniendo al mundo a gran velocidad y han producido un periodo de innovación y avance sin precedentes en tan sólo unas cuantas generaciones. Los pasados cincuenta años en particular han traído consigo un alucinante progreso humano el cual no pareciera tener final. Personalmente, adoro vivir en esta era. Puedo hacer aún más, con más rapidez, y puedo también contar con una amplia variedad de alternativas y actividades como nunca antes. No hay mejor momento que este, sin embargo y de igual manera, nunca antes había existido tanta presión a ritmos tan acelerados.

Es probable que vivas en ambos lados de la velocidad de la vida: Estás, por una parte, estresado y por otra, cuentas con muchos beneficios. En los años venideros, nuestros más importantes retos personales y profesionales serán aprender a vivir y tener éxito en la velocidad de la vida y sentirnos satisfechos con ello.

La velocidad de la vida no es algo nuevo, porque la gente siempre ha creído que la vida siempre pide más de ellos de lo que el tiempo les permite; es por ello que las soluciones que ofrece la buena administración del tiempo han sido siempre populares. De hecho ¡el primer producto que contribuyó al ahorro y administración del tiempo debió haber sido la rueda! No obstante, en cada era, algunos negocios resultan mejores que otros, y a nivel personal, algunas personas resultan ser también más exitosas que otras. Los negocios exitosos y las personas exitosas han contado con una característica en común en cada era. Esa característica aporta también un poderoso distintivo que separa a aquellos que triunfan de quienes no ¿y cuál es entonces tal característica? Es justo esta:

> Los negocios exitosos y las personas
> exitosas saben lo que quieren
> y están dispuestas a hacer lo necesario
> dentro de los parámetros de
> integridad y honor para llegar a ello.

Cuando se piensa en la velocidad de la vida y en sus efectos, podemos colocar tanto a negocios como a personas en dos categorías: Aquellos que saben claramente qué es lo que quieren y aquellos quienes no. La velocidad de la vida afecta a ambos grupos de formas totalmente distintas. Aquellos que saben claramente qué es lo que quieren no se sienten agobiados ni presionados por la velocidad de la vida. Son capaces de vivir día a día con pleno conocimiento de lo que deben hacer y van por ello con energía y entusiasmo. Cuentan con una visión clara y se enfocan en sus oportunidades. Saben cómo ejecutar sus estrategias para obtener los resultados que desean. Las empresas y personas con visiones claras no necesitan ser inducidas ni presionadas hacia su propia eficacia; por el contrario, su propia visión los motiva con un poder impresionante. Si sabes qué es lo que realmente deseas, las oportunidades y las elecciones con las que cuentas serán aún más abundantes y la confianza en tus esfuerzos aumentará. Si no hay claridad en lo que deseas, la velocidad de la vida se limitará a ser un consumo en vano de tiempo y ello supondrá para ti un conflicto desde que despiertes hasta cuando te metas a tu cama por las noches.

*"Aquellos que saben claramente
qué es lo que quieren no se sienten
agobiados ni presionados por la velocidad de la vida."*

Para triunfar en la velocidad de la vida, debes ser claro y concentrarte en las *actividades de alto apalancamiento* más relevantes para tu agenda estratégica. ¿Qué es relevante para tu éxito y tus logros y qué no lo es? Las actividades y estrategias que captan tu tiempo y tu atención deberían ser aquellas que impactan más directamente con los resultados que necesitas y deseas ¿cierto? Por lo tanto, la habilidad de identificar y concentrarse en las actividades de alto apalancamiento más importantes es el más grande factor para mejorar y acelerar los resultados ¡Tener claridad en lo que realmente se quiere nos permite tomar estas decisiones estratégicas de mejor manera!

La velocidad de la vida no ha creado cambios en los fundamentos básicos del logro, ya que ésta ha reducido la cantidad de tiempo con el que se cuenta para hacer lo debido. En años anteriores, cuando la velocidad de la vida era más lenta y los cambios eran menos dinámicos, la planificación podía ser llevada a cabo a un ritmo más confortable. Ya no vivimos en aquellos tiempos. Hoy en día la planificación debe ser llevada a cabo casi al instante para así llegar a retos competitivos. En distintas ocasiones, los negocios se enfrentan a escenarios que demandan planificaciones y ejecuciones casi instantáneas. Por ejemplo: en el 2008 los costos de la gasolina subieron exageradamente en cuestión de meses, lo que obligó a algunos negocios a volver al tablero de dibujo para crear estrategias de supervivencia. Los costos de la gasolina impactaron particularmente a las compañías aéreas y a líneas camioneras; a medida que éstas crearon nuevos planes, tuvieron también que llevarlos a cabo de manera casi inmediata.

Sin Claridad, Tú te Resistirás al Cambio Estratégico

El cambio estratégico exige mucha energía emocional ya que éste requiere una nueva forma de pensar, la cual termina inevitablemente con las llamadas *zonas de confort* ¡Y todos sabemos cómo la gente se resiste en abandonar sus zonas de confort! Es por ello que el cambio supone un gran problema para algunos y resulta muy complicado lograr llegar a él en un determinado nivel organizacional. El pesar que conlleva un cambio puede ser financiero, físico o emocional, sin embargo, independientemente del tipo de incomodidad creado por el mismo, la velocidad de la vida exige enfrentarnos a ello si nuestro objetivo es ser competitivos y efectivos.

Lo cierto es que, el cambio no es cosa simple, aunque hay un hecho simple en torno a él que resulta innegable: a menos que desees cambiar, no lo harás. Esto quiere decir que la disposición al cambio juega un gran rol en nuestra habilidad para llegar al éxito. Me refiero al *cambio voluntario*, el cual no requiere de nadie que te presione o te induzca a hacer cosas nuevas. El sentido común nos dicta que la diferencia que hace que un cambio sea traumático o razonable radica en la *voluntad de cambiar*. El cambio voluntario es proactivo y no puede nunca esperar a comenzar a ser llevado a cabo. Ya seas empleado o administrador, necesitas de una estrategia que produzca un cambio voluntario en las personas específicas al igual que en tu compañía. A nivel personal, necesitas de una estrategia que produzca un cambio voluntario en ti. El Apéndice A incluye un ejercicio llamado La Auditoria del Cambio (ver Ejercicio No. 1), el cual te ayudará a desarrollar esta estrategia y a mejorar tu efectividad.

La Percepción es la Realidad, Incluso Si No es Verdad

Aunque la velocidad de la vida crea circunstancias muy reales, su presión es causada en mayoría por percepción y por sentirla como un hecho. Tu *sentir* respecto a estas presiones es un resultado directo de lo que *crees* respecto a tus oportunidades y elecciones que haces a diario. Mientras vives tu vida, haces juicios de valor constantes, formas, opiniones, interpretas eventos y tomas decisiones respecto a lo que harás y lo que no. Respecto a los resultados que obtengas, las decisiones que tomes sobre lo que harás o no harás son las más importantes.

"Siempre pasan las cosas en las que creemos de verdad, y creer en algo hacen que las cosas pasen"
—Frank Lloyd Wright

Todos tenemos una forma de ver el mundo, nuestro papel en el mundo y las relaciones que tenemos con todos en él. Se le llama *La Ventana de Creencias* y contiene todo lo que crees que es cierto, falso, correcto, incorrecto, apropiado, inapropiado, posible e imposible. En tu ventana de creencias suceden dos cosas:

1. Enmarca todos tus puntos de vista de la gente, lugares y cosas, y crea las percepciones y sentimientos que tienes respecto a todo.
2. Es una influencia para las acciones que tomas respecto a esas mismas personas, lugares y cosas.

Tu ventana de creencias determina todas tus elecciones y acciones, y da paso a información que consideras importante para entrar a tu mente y retenerla. También bloquea lo que no consideras importante y la información y circunstancias que no crees necesitar.

Si no estás al tanto de lo que necesitas, no reconocerás la importancia de las cosas que pueden ser importantes para tu éxito. Tu ventana de creencias puede llevarte a bloquear ciertas piezas de información de mayor consideración, y puedes perder grandiosas oportunidades como resultado. Es por ello que debes tener claro qué es lo que realmente quieres y qué es lo que necesitas para llegar a ello. El Ejercicio 2 en el Apéndice A te guiará a describir tu ventana de creencias, lo cual aclarará tu forma de ver al mundo y te ayudará a descubrir cómo esa visión afecta todas tus elecciones y decisiones.

Tus Creencias Impactan tus Resultados

Se requiere de un gran esfuerzo y disciplina para el éxito personal, y tu ventana de creencias determina qué tan efectivamente eres capaz de llevarlos a cabo ya que esto controla todas tus elecciones y acciones. Nuestra ventana de creencias está formada por los hechos e ideas que aceptamos como verdad al igual que de nuestra experiencia personal y esto se resume a estos hechos. La velocidad de la vida presenta un flujo constante e interminable de información que contiene una fusión de hechos, verdades, mitos, rumores y en algunos casos, decepciones.

"Nuestra ventana de creencias está formada por los hechos e ideas que aceptamos como verdad al igual que de nuestra experiencia-personal y esto se resume a estos hechos."

Tu ventana de creencias, sin embargo, no siempre proporciona una vista totalmente acertada. Esto potencializa los resultados en errores significativos respecto a cómo tu mente filtra la información que pasa por ella. ¿Cuáles son las consecuencias de que tu ventana de creencias encasille algo de manera incorrecta? ¿Qué pasa si tu ventana de creencias te lleva a actuar o no actuar basándote en algo que simplemente no es real? ¿Cómo estas percepciones, eventos, ideas o personas incorrectas pueden impactar en tus resultados? Si tus percepciones erróneas implican un principio significativo y necesario para el logro, puede detenerte al tomar un paso importante hacia el éxito, o puede incluso llevarte a fracasar por completo. Por ello, necesitas tener la habilidad de ajustar tu ventana de creencias cuando esta impida tu éxito.

Comenzaste a formar tu ventana de creencias desde el primer momento que comenzaste a interpretar tus alrededores. Eras muy joven cuando comenzaste este proceso, y continuarás haciendo ajustes por el resto de tu vida. Sin embargo, a medida que sigas creciendo, perderás el interés de ajustar tu ventana de creencias. El dicho que dice es difícil "enseñar nuevos trucos al perro" es cierto. A medida que maduras, finalizas y te ocupas de la mayoría de los principios estratégicos más fundamentales que aceptarás en tu vida, y cuando esa estructura estratégica es completada, esos principios dominarán todo lo demás en tu ventana de creencias. Es extremadamente difícil añadir algo nuevo a tu ventana de creencias que esté en conflicto con uno o más de tus principios estratégicos, pero hay instancias cuando ambos deben ser alterados para ser más exitoso.

El Valor de Cambiar las Creencias Estratégicas: Un Caso de Estudio

Uno de mis clientes es el ejemplo perfecto de cómo pueden acelerarse los resultados al cambiar creencias estratégicas. George Burke es un empresario muy exitoso que posee un negocio relativamente grande de pintura en Atlanta, Georgia. Su lista de clientes incluye a Target, Emory University, Georgia State University, Kaiser Permanente y Days Inn, entre otras.

Cuando lo conocí por primera vez, hace muchos años, era ya exitoso en cualquier estándar que pudieras imaginar. George tenía una gran familia y un gran negocio, y vivía maravillosamente. George estaba muy feliz con su vida y su trabajo, pero se sentía "al límite" respecto a sus oportunidades a futuro. Él había construido su compañía en torno a él mismo, y creía que tenía que estar personalmente involucrado en una larga lista de responsabilidades para mantener su éxito; y debido a que sus deberes tomaban mucho de su tiempo, sintió que ya no tenía opciones de crecimiento a futuro.

George no creía poder ir más allá de donde se encontraba. Tenía una creencia respecto a sí mismo y su negocio que lo auto-limitaba. Creyó estar al límite del éxito de su negocio y pensaba que así tenían que ser las cosas. Su creencia auto-limitativa era que su potencial de crecimiento estaba directamente relacionado a la disponibilidad de su tiempo personal. Creía erróneamente que él era la única persona capaz de vender y manejar grandes proyectos, lo cual era un enorme desagüe para su tiempo y energía.

Trabajando con George, pude ayudarlo a reemplazar esa creencia estratégica con otra. La nueva idea era que era posible duplicarse a sí mismo en otros, encontrando y entrenando personas en las que confiara, personas que vendieran y manejaran contratos importantes con el mismo cuidado con el que él lo haría personalmente. En los siguientes dieciocho meses, George me comentó que se duplicó a sí mismo en otros cuatro veces ¡Y que como resultado los ingresos de su negocio se han duplicado"; esta duplicación liberó su tiempo y le permitió concentrarse en nuevas oportunidades y pensar más estratégicamente. Su éxito creció exponencialmente al simplemente cambiar una creencia estratégica.

Estrategia Contra Táctica

La palabra "estrategia" lidia con los "por qué", mientras que la palabra "táctica", lidia con los "cómo". Tu ventana de creencias (el "por qué" detrás de tus acciones y elecciones) es entonces un conjunto de creencias estratégicas. Cuando tus creencias estratégicas del "por qué" se confunden, tus soluciones tácticas del "cómo", disminuyen. Cuando tus asuntos estratégicos del "por qué" son establecidos, las soluciones tácticas del "cómo", se vuelven evidentes. Por ello, el grado de claridad que tengas respecto a tus creencias estratégicas te permite concentrarte y ejecutar.

La velocidad de la vida es un asalto frontal 24/7 en tu ventana de creencias, y causa confusión debido al volumen de información que te confronta a diario. No puedes comprobar o experimentar toda la información que te asalta. Intentar llevar a tu mente más de lo que puedes procesar te pone en riesgo de distraerte de las cosas que debes hacer que realmente importan. La velocidad de la vida confunde tu forma de ver el futuro ya que pierdes la claridad en lo que crees que el futuro tiene para ti.

Como resultado, corres el riesgo de comprar creencias auto-limitativas respecto a lo que puedes o debes hacer. Lograr tener claridad respecto a lo que realmente quieres es la solución ya que saber qué es lo que quieres te ayuda a establecer los asuntos estratégicos a los que te enfrentas. Si no tienes claro, sin embargo, qué es lo que realmente quieres, tu creencia en tu esfuerzo no será lo suficientemente atractiva o poderosa como para sostener tus esfuerzos. La claridad en lo que se quiere es de hecho lo que empodera tu habilidad de creer en lo que estás haciendo, porque creer en lo que haces es el motor de las acciones que tomas.

La Falta de Claridad Crea Necesidades Palpables

Con el tiempo, la velocidad de la vida crea una bolsa mixta de creencias estratégicas erróneas que se combinan para producir una lista de necesidades palpables específicas. Las *Necesidades Palpables* son las emociones que sentimos como resultado de preguntas y retos no resueltos ¿y qué son estas necesidades palpables? Hay muchas, pero creo que dos de ellas son las esencialmente más significativas. Cada una de ellas puede ser considerada como una falta de claridad. Aquí hay un breve análisis de cada una y de por qué son de hecho producidas debido a una falta de claridad:

1. **"No tengo tiempo de hacer todo lo que tengo que hacer"**: Cualquier cosa que deba hacerse, debe hacerse ¡punto! Cuando algo se debe hacer, siempre hay opciones disponibles para hacerlo. Por ejemplo, recientemente conocí a un cliente que es CEO de una compañía de dos

billones de dólares que quería desarrollar un nuevo programa que diera valor a los clientes corporativos de la compañía. La idea implicaba que su compañía hiciera cosas que nunca antes había hecho, y la percepción del CEO era que todos estaban muy ocupados como para dedicar tiempo al nuevo proyecto. Él dijo que simplemente no contaban con el ancho de banda humana para hacerlo.

Le dije al CEO que el problema podría no ser la falta de gente, y que, el verdadero problema era una posible falta de claridad respecto a cómo podría funcionar la idea y qué detalles del programa llegaría a requerir. El problema

parecía ser un asunto de ancho de banda humana por el tiempo y esfuerzo que le tomaría a su gente para hacer de la estrategia un proceso efectivo y llevarlo a cabo cómodamente. Su percepción (creencia) era que a su gente le tomaría mucho tiempo trabajar en los errores y dar paso a la efectividad.

El hecho de que su gente se encontraba ocupada y tenían sus calendarios llenos era una realidad, y la sensación de no tener tiempo era legítima. Sin embargo, el problema no era una cuestión de tiempo; era una deficiencia de claridad. Advertí que el nuevo proyecto podría ser arrendado a un tercero para ejecutar y trabajar en los errores y así obtener la claridad necesaria para hacer trabajar al programa. Entonces, cuando el modelo correcto fuera conocido y entendido, podría traspasarse a su gente, y ellos podrían lograr hacerlo efectivo rápidamente. Esta solución requirió de un cambio de creencia estratégica por parte del CEO. Nuevamente, el problema no era una falta de ancho de banda humana, sino una falta de claridad.

2. **"Los resultados que estoy experimentando son menos de lo que quiero o espero"**: Es sólo cuando comienzas a hacer las cosas distintas que tus resultados comienzan a cambiar y a mejorar. Tan sólo un minúsculo porcentaje de lo que haces se trata de actividades de alto apalancamiento que pueden mover significativamente la aguja de resultados. Los resultados superiores vienen de la capacidad de concentrarse diariamente en actividades de alto apalancamiento que tengan el poder de hacer una diferencia real. La claridad te permite identificar esas actividades de alto apalancamiento y mantenerte concentrado en ellas. Por

ejemplo, después de que mi amigo George Burke se duplicó a sí mismo en otros, encontró pronto demasiado tiempo adicional que le permitió concentrarse en las actividades de alto apalancamiento, mismas que le permitieron duplicar sus ingresos en dieciocho meses.

■ ■ ■

Si te identificas con las condiciones mencionadas, es justo asumir que necesitas ajustar una o más de tus creencias estratégicas. Esta es una amable manera de decir que necesitas desarrollar una nueva forma de pensar acerca de lo que se necesita para ser realmente exitoso en tu vida profesional y personal. Piensas que algunas cosas son ciertas y otras no, y es probable que la causa sea una falta de claridad. George Burke creyó haber llegado al límite del éxito de su negocio, lo cual no era cierto. No había en él claridad respecto a cómo traspasar aquel límite, pero quiso obtenerla. Afortunadamente, tuvo el ingrediente más importante: ¡*disposición*! Todo lo que George necesitaba era claridad para hacer que las cosas sucedieran.

¿Estás de acuerdo con que puede haber ciertas cosas en tu ventana de creencias que crees que son ciertas, pero no lo son? Si piensas que esto no es cierto, quiero retarte con este breve ejercicio: Toma un papel y viaja en tu mente a diez años atrás. Intenta hacer una breve lista de algunas cosas en las que creías hace diez años y en las que ya no creas más. Por ejemplo:

- ¿Tus creencias espirituales han cambiado?
- ¿Tu persuasión política ha cambiado?
- ¿Has hecho cambios en los juicios de valores respecto a ciertas personas?

Debes poder presentar distintas cosas en tu lista. ¿Cuáles son las probabilidades de que obtengas los mismos resultados si hicieras el mismo ejercicio en diez años? ¡Yo diría que sería cerca del 100% de probabilidad! Esto quiere decir que hay cosas en tu ventana de creencias de *ahora* que rechazarás como falsas en los próximos diez años. Este breve ejercicio demuestra que hay una alta probabilidad de que actualmente crees que algunas cosas son reales y no lo son, y es sólo que no has adquirido la suficiente información que te ayude a cambiar tus opiniones. No obstante, hasta que dejes ir voluntariamente tus falsas creencias, éstas te limitarán en todo lo que haces. El Ejercicio 3 del Apéndice A te lleva a este proceso mediante el ajuste de creencias estratégicas, que te ayudará a determinar qué influencias necesitas para cambiar y mitigar las limitaciones subsecuentes.

Tu problema y el mío es que estamos en un punto en el cual no sabemos que aquello que creemos que es real no lo es. Justo ahora pensamos que todo en lo que creemos es verdad. La única manera de purgar nuestras falsas creencias es exponerlas, y necesitamos adoptar un proceso que nos ayude a hacerlo. Teniendo claro lo que realmente se quiere es un enorme paso hacia esa dirección.

Tú Puedes Vivir en el Problema, o Puedes Vivir en la Solución

Los retos que acompañan a la velocidad de la vida son reales, pero existen más oportunidades que problemas. Cada día haces elecciones en cuanto a tu actitud, la cual es formada por tu ventana de creencias. Si crees que la vida es sólo una larga pila de problemas, no habrá en ti optimismo respecto al futuro. Por otro lado, si crees que la vida no es más que un alegre paseo de felicidad infinita, obtendrás un rudo despertar cuando los problemas reales toquen a tu puerta. Lo cierto es que la vida es una combinación de problemas y bendiciones, y experimentarás ambas de vez en cuando. Una visión más justa de la vida reconoce ambas condiciones, pero se compromete con la importancia de vivir en las soluciones en vez de vivir en los problemas.

> *"Si eliges vivir en las soluciones, el mundo espera ansiosamente tus sueños y te brinda toda la herramienta y oportunidad que necesitas para hacerlos realidad."*

Cuando hago sesiones estratégicas con mis clientes y comenzamos el proceso de crear claridad, la mentalidad de vivir en los problemas debe ser superada. Por alguna razón, la mente humana pareciera gravitar naturalmente en todas las razones por las cuales algo *no* puede hacerse. Sucede una y otra vez, y es provocada por la ventana de creencias que vuelve difícil pensar en términos de soluciones. Cuando alguien proyecta una visión de algo nuevo, la reacción visceral piensa inmediatamente en todas las razones por las cuales aquello no funcionaría. La concentración está totalmente en vivir en los problemas y obstáculos que no permitirán hacer aquella cosa nueva. Cuando no tienes claro lo que realmente quieres, tu tendencia natural será enfatizar los problemas en vez de las soluciones.

Si eliges vivir en las soluciones, el mundo espera ansiosamente tus sueños y te brinda toda la herramienta y oportunidad que necesitas para hacerlos realidad. Sin embargo, si decides vivir en los problemas, verás pocas oportunidades. Es aquí donde la claridad puede hacer una enorme diferencia en los resultados. Cuando no tienes claridad respecto a lo que realmente quieres, te verás a ti mismo siendo forzado a vivir en los problemas. Cuando tienes claridad respecto a lo que realmente quieres, serás llevado a vivir en las soluciones. Vivir en las soluciones te permite ser más efectivo en lo que haces.

El Aumento de la Efectividad es el Tema Estratégico en la Mejora de los Resultados

Mejorar tu efectividad requiere siempre de un cambio, y es por ello que he dedicado gran parte de este capítulo a ese asunto. Como dije al principio de este capítulo, el cambio es difícil porque te lleva a la incomodidad. El cambio te incomoda porque te pide hacer cosas con las cuales no estás familiarizado; pero incrementar tu efectividad requiere cambios, y no lograrás una óptima efectividad hasta que te sientas nuevamente cómodo haciendo algo nuevo. Hay tanto que tiene que pasar por tus oídos para que las nuevas actividades te resulten cómodas, y debes dominar nuevas actitudes, nuevas herramientas y nuevas habilidades también.

"La comunicación es una habilidad que puedes aprender. Es como manejar una bicicleta o escribir. Si deseas trabajar en ello,

*puedes rápidamente mejorar la
calidad de cada parte de tu vida."*
—Brian Tracy

En cada esfuerzo, debes tomar cuatro pasos específicos antes de lograr la efectividad. Piensa en ello como una *Escalera de Efectividad* de cuatro peldaños. Cada peldaño tiene sus propias características y contiene un precedente de acción que debes completar. La Escalera de Efectividad es importante porque toma tiempo escalarla, y hasta que alcances el cuarto peldaño, no te sentirás cómodo con lo que estás por hacer. La velocidad de la vida demanda que debes ser capaz de escalar esta escalera más rápidamente que en años anteriores.

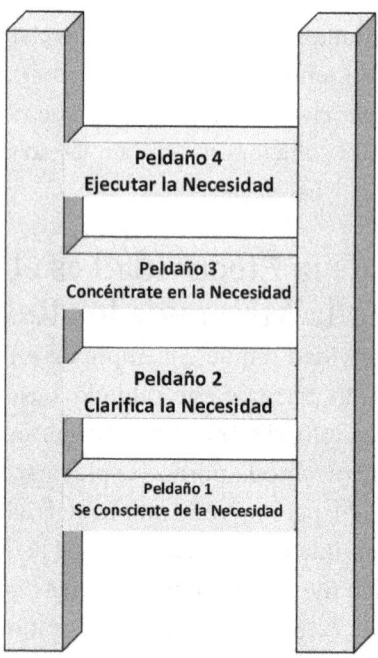

Peldaño #1: Sé Consciente de la Necesidad

La velocidad de la vida está trayendo nueva tecnología e información a la velocidad de la luz, y hay mucho al respecto de lo que aún no sabes. Es sólo cuando tú te das cuenta de algo que puedes reconocer como una nueva necesidad. Antes de estar consciente de esto ¡no sabías ni siquiera que no lo sabías! Este es el peldaño que debes escalar antes de hacer algo nuevo.

Por ejemplo, si nunca has visto o escuchado acerca de sistemas de navegación, no sabrías ni siquiera que no sabías nada sobre ellos. No estarías consciente de ellos y ni siquiera te darías cuenta de que podrían éstos ser de gran valor para ti.

Peldaño #2: Clarifica la Necesidad

En este peldaño de la Escalera de Efectividad, tomas conciencia de lo que no sabes. Sin embargo, aún no puedes hacer lo que sea que no sabías. Usando el ejemplo del sistema de navegación, este peldaño puede significar que estás ahora consciente de lo que tal sistema puede hacer y puede ser importante para ti, pero seguirías sin saber cómo usarlo si tu vida dependiera de ello. Es en este escenario donde tomas la decisión de seguir adelante o aprender a hacer aquello que no sabías, o simplemente ignorarlo y continuar tu camino; es por ello que, aclarar tu necesidad es importante, y la velocidad de la vida presenta muchas necesidades potenciales.

Peldaño #3: Concéntrate en la Necesidad

En este peldaño de la escalera, acogerás la necesidad que has descubierto, y comenzarás a tomar acción para responder a ella. Este es el peldaño de la escalera donde comienzas a invertir tu tiempo en todo lo que haces. Este peldaño de la escalera requiere que aprendas y cambies. No es sencillo al principio.

En el caso de usar un sistema de navegación global, puede significar que has leído el manual y has explorado sus operaciones básicas, pero debes seguir pensando cautelosamente en todo lo que haces. Puedes haber mantenido el manual cerca de ti y referirte a él continuamente, o puedes estar yendo constantemente a tientas usando el sistema. De cualquier modo, te mantienes concentrado en tu esfuerzo porque entiendes el eventual beneficio de la inversión de tu tiempo.

Peldaño #4: Ejecuta la Solución

A medida que escales este peldaño de la escalera, las acciones que tomes para completar la tarea en cuestión se vuelven de segunda naturaleza para ti, y eres capaz de ejecutar y desplegar con efectividad las habilidades que has aprendido. La clave aquí es que la efectividad y la habilidad te hagan sentir cómodo con el asunto o

actividad. Conoces tu asunto y haz practicado lo suficiente para hacerlo con mínimo esfuerzo y pensamiento. En este punto, te has vuelto más efectivo hacia el nuevo concepto, habilidad o herramienta.

Continuando con la ilustración del sistema de navegación global, puedes ahora encenderlo sin esfuerzo y usarlo. Se ha vuelto una poderosa herramienta en tu vida y no necesitas pensar en usarla.

■ ■ ■

¿Cómo se relaciona la Escalera de Efectividad con la velocidad de la vida? La velocidad de la vida constantemente se añade a la lista de cosas de las que poco o nada sabes. Como resultado, hay más cosas nuevas por las cuales estar al tanto, pero estar al tanto puede ser un proceso consumidor de tiempo que no resulta productivo. Prosperar en la velocidad de la vida demanda que te mantengas al tanto de la innovación, productos, conceptos y herramientas que pueden hacer tu vida más efectiva, pero no puedes ir tras cada cosa nueva que venga en el camino. La realidad es que hay más información allá afuera de la que puedas procesar racionalmente.

La solución fundamental a este reto es tener claridad respecto a lo que realmente se quiere. Si no tienes claridad respecto a lo que realmente quieres, no podrás tomar buenas decisiones respecto dónde y cómo invertir tu tiempo. Cada cosa nueva que quieras dominar requerirá de escalar la Escalera de Efectividad. Para tener éxito en la velocidad de la vida, debes encontrar una manera de expeditar el cambio y escalar la Escalera de Efectividad más rápidamente. La habilidad de hacer todas estas cosas está empoderada por la *claridad*, comprometida con la *concentración* y convertida en resultados superiores mediante la *ejecución*. Todos estos tres componentes deben estar sobre la mesa, y si alguno de ellos falta, tus resultados no lograrán llegar a las expectativas ni excederlas.

¿Qué Tan Lejos En El Futuro Puedes Ver?

Una mayor premisa incrustada en la Aceleración Estratégica es ir tan lejos como puedas ver, y entonces puedes ver aún más lejos. Sé que recuerdas cuando era razonable considerar tus planes y estrategias en un lapso de cinco años. Una pregunta típica que has escuchado bastantes veces es "¿Dónde quieres estar en cinco años?". Esta pregunta es ahora algo obsoleta debido a la velocidad de la vida. Una pregunta más relevante hoy en día es "¿Dónde quieres estar la próxima semana?". Es un poco extrema, pero así se siente en ocasiones. Puedes planear las cosas sólo tan lejos como puedas verlas. Ese es el punto.

Por ejemplo, durante mi trabajo con George Burke, le pregunté qué pensaba respecto a la claridad y cómo ha cambiado el entendimiento en torno a ella. Basándose en su propia experiencia, George dijo que él piensa que todos tenemos cosas en nuestra ventana de creencias que limitan a lo que crees que puedes llegar. Cuando George alcanzó el límite de lo que él creyó que podía hacer, hubo un sentimiento de "¿ahora qué?" que se apoderó de su vida, y cuando eso sucedió, perdió la claridad. Él cree que su propia falta de claridad se hizo evidente cuando él alcanzó el límite que se impuso a sí mismo basado en sus propias creencias. Por lo tanto, para mantener la claridad le exigí purgar regularmente esas creencias auto-impuestas. Ciertamente estoy de acuerdo con George, y la Aceleración Estratégica requiere óptimamente de una purga anual como mínimo.

George también me dijo que sintió haber obtenido claridad cuando tuvo un plan de acción perfecto de lo que necesitaba hacer y lograr durante los siguientes doce meses. Este plan de acción, mismo que ayudé yo a George a crear, le permitió predecir exactamente dónde estaría su negocio al final de esos doce meses. Para crear ese tipo de plan de acción, debes pensar profundamente sobre todo lo que haces y por qué lo haces; entonces para obtener nueva experiencia debes hacer una transición de los resultados de tus pensamientos hacia acciones. Se requiere de nueva experiencia para lograr ver más allá, y es por ello también que debes escalar la Escalera de Efectividad.

Un Plan de Acción de Claridad incluye los siguientes componentes clave:

- *Qué* quieres hacer

- *Por qué* lo quieres hacer
- *Cómo* lo vas a hacer
- El *beneficio* de hacerlo
- Y el *resultado negativo* de no hacerlo

Sabiendo todas estas cosas, alcanzarás la claridad y serás claro respecto a lo que realmente quieres. Te enseñaré a crear tu propio Plan de Acción de Claridad en el Apéndice A.

La velocidad de la vida se limita a casi un año de la duración de tu Plan de Acción de Claridad y puede ser efectivo. En el transcurso de ese año, muchas cosas cambiarán, mismas que no habías previsto y otras sobre las que no tendrás control. Por ejemplo, un Plan de Acción de Claridad creado el 1 de enero del 2007 que dependía de la gasolina, el transporte o viajes, para su éxito, se puso en riesgo el 1 de enero del 2008 precisamente por el incremento de los costos de energía. Es tal la naturaleza de la velocidad de la vida, y es por ello que la claridad requiere de un ajuste anual de tu pensamiento.

Cuando un artista se prepara para crear una nueva escultura, él o ella comienzan con un bloque de madera, piedra o arcilla. Un artista exitoso sabe exactamente qué hay tras ese bloque y comienza a remover sistemáticamente todo el material que oculta la imagen que sólo el artista puede ver claramente. Cuando el socavado del exceso de material se completa, el resultado es una pieza de arte que concuerda con la imagen que el artista visualizó desde un inicio. La clave del éxito de un artista es la claridad que éste tiene respecto a lo que él o ella quieren que su trabajo final sea. Los artistas tienen claridad en sus mentes respecto a lo que quieren y esperan.

Del mismo modo, si deseas prosperar en la velocidad de la vida, debes tener claridad respecto a lo que realmente quieres.

Resumen

La velocidad de la vida exige que te entregues al cambio y trabajes en conjunto con él. Esto quiere decir que la *disposición* al *cambio* juega un gran papel en tu habilidad de tener éxito profesional y personal en la velocidad de la vida. Si los resultados que has estado obteniendo no han sido los que quieres y esperas, necesitas tener la voluntad de *cambiar tu forma de pensar* para que así puedas cambiar lo que has estado haciendo y puedas influenciar un cambio en los demás. Si eres un líder, necesitas una estrategia que produzca un cambio voluntario en tus organizaciones y en gente en específico. A nivel personal ¡necesitas una estrategia que produzca un cambio voluntario en ti mismo!

El siguiente capítulo habla de un componente importante de esa estrategia: desarrollar una visión auténtica. Una visión auténtica no sólo aporta el poder de producir ese cambio voluntario necesario, también motiva y establece parámetros para tu éxito.

Puntos Muy Importantes

- A menos que desees cambiar ¡no lo harás! Esto quiere decir que la disposición al cambio juega un papel enorme en tu habilidad para tener éxito. Me refiero a un cambio voluntario, que no requiere de nadie que te obligue o te haga hacer cosas nuevas. El sentido común dicta que la diferencia entre un cambio traumático o racionalmente aceptable se relaciona directamente con la disposición al mismo.

- Tomas decisiones basadas en tu ventana de creencias personales, la cual enmarca todos tus puntos de vista respecto a personas, lugares y cosas e influencia la acción que tomas respecto a esas mismas personas, lugares y cosas. Algunas de estas creencias pueden ser erróneas, y la Aceleración Estratégica es el proceso para exponerlas y purgarlas.

- Si sientes que no hay tiempo suficiente para hacer todo lo que tienes que hacer o que los resultados que experimentas son menos de lo que quieres o esperas, es probable que necesites hacer algunos ajustes en una o más de tus creencias estratégicas. Esta es una manera amable de decir que necesitas desarrollar una nueva forma de pensar respecto a lo que se necesita para ser realmente exitoso en tu vida personal y profesional.

CAPÍTULO 2

El Poder de Empuje de la Claridad: Visión

Una visión auténtica motiva, otorga el poder de cambiar tu comportamiento, y establece parámetros para tu éxito

En el Capítulo 1 hablamos de la necesidad de desarrollar una disposición al cambio, algo muy importante para mantenerse en la velocidad de la vida. En este actual mundo altamente competitivo, sin embargo, el éxito depende en más de simplemente mantener a gente exitosa teniendo *resultados superiores*, algo que se basa en una visión fuerte.

Como profesional, es probable que uses muchos sombreros. Algunos de ellos cubren tu trabajo y tu vida profesional, algunos cubren tu papel como esposo o padre o miembro de familia, y algunos cubren el tiempo que inviertes dando servicio a la comunidad desde tu lugar de culto o desde organizaciones benéficas. Aunque los sombreros de tu vida difieran, tu tiempo y esfuerzo están invertidos en *la anticipación de ciertos resultados obtenidos*. La naturaleza y las especificaciones de los resultados anticipados puede cambiar, pero cada actividad tiene un resultado final, ya sea bueno o malo. El punto es que los procesos que producen resultados superiores en tu vida de negocios no son distintos a los procesos que producen resultados en tu vida privada. El éxito es éxito, y los resultados son resultados. Los principios de la Aceleración Estratégica aplican a cada actividad emprendida. Estos principios implican:

1. Claridad
2. Concentración
3. Ejecución

Este capítulo habla de *obtener claridad respecto a tu visión*, el primer paso hacia la Aceleración Estratégica. El asunto real es el éxito y la obtención de resultados superiores, lo cual siempre comienza con una visión.

> *"El asunto real es el éxito y la obtención de resultados superiores, lo cual siempre comienza con una visión."*

El paradigma de producir éxito y logros es descubrir la base de la creación del deseo humano que causa el cambio voluntario. El *Cambio Voluntario* es la meta suprema que cada líder desea instaurar en otros, y el cambio voluntario es la clave para escapar de cualquier condición existente en tu vida personal o profesional que pueda estarte reteniendo. Mi experiencia es que cuando realmente cuentas con el factor "quiero", encontrarás una manera de hacer lo necesario para obtener lo que quieres. Esto abre el debate de la visión y del por qué ésta tiene el poder de crear deseo y disposición al cambio. Blunty declaró que *la visión tiene el poder de transformar tu comportamiento como ninguna otra cosa*. La visión es el ingrediente elusivo que produce consistentemente el "quiero", y lleva al cambio voluntario.

cNecesitas llevar tu mente a una verdad básica respecto al cambio: El éxito supremo y los resultados superiores requieren siempre de un cambio personal. La razón es evidente:

> Si continúas haciendo las mismas cosas una y otra vez, seguirás obteniendo los mismos resultados.

Esta declaración se ha convertido en una definición popular de la locura, pero es también la manera en la que la mayoría de las personas viven sus vidas. Una falta de disposición al cambio es más que nada un síntoma de compromiso con la comodidad de las condiciones actuales que un reflejo de locura.

Independientemente de la causa raíz, el cambio es difícil, y el hecho es que haces las cosas como las haces porque crees que es la mejor manera de hacerlas. Después de todo, tus acciones son sólo el fruto de las cosas en las que crees (como lo señalé en el Capítulo 1). Este hecho fundamental es la razón por la cual es tan poderoso el obtener una nueva visión. Hasta que logres tener una visión lo suficientemente poderosa para impactar en lo que crees, tu comportamiento no cambiará. Estarás contento de mantenerte en las mismas condiciones y de seguir haciendo lo que siempre has hecho. Si eliges eso, continuarás obteniendo los mismos resultados. Esto es fácil de entender, pero difícil de implementar.

Si eres el dueño de un negocio o el gerente de una corporación, estarás familiarizado con la dificultad de crear un cambio voluntario en tus empleados y asociados. La razón de tal dificultad es que la gente se resiste a escalar la Escalera de Efectividad (de la cual se habla en el Capítulo 1) cuando se trata de hacer algo diferente. La gente sabe que escalar la Escalera de la Efectividad irrumpirá en su zona de confort, y tomará tiempo volver a hacerse de ese confort: ¡las zonas de confort se llaman así porque pueden llegar a ser muy cómodas! Lo único de lo que se requiere para mantenerse en una zona de confort es cerrarse a nuevas ideas y reusarse a cambiar. Durante los años he aprendido que nada realmente interesante o innovador surge de una zona de confort, a excepción de más planes para hacer la zona más cómoda.

Las zonas de confort nos impactan a todos. Cuando la gente en una organización se siente muy cómoda, es porque han perdido el momento de ir tras su visión ¿por qué? Porque han aceptado el lugar donde se encuentran como lo mejor.

"Una visión no sólo se convierte en algo que te motiva y que te da el poder de cambiar tu comportamiento; también se convierte en

> *la plomada o vara medidora que te ayuda*
> *a mantenerlo todo junto*
> *mientras ejecutas tus planes."*

Entonces ¿cuál es el problema? El problema es que las personas que están cómodas y contentas no harán nada nuevo. Las zonas de confort son un gran desagüe en la energía organizacional, la cual es la suma colectiva de la chispa humana que da poder al deseo de ganar, produce creatividad, respalda la persistencia y establece los fundamentos del compromiso organizacional. Cuando la energía organizacional se degrada o se pierde, todas esas cualidades comienzan a disminuir y la disponibilidad para lograr resultados superiores es menos probable. Cuando la energía organizacional se reduce, produce un grupo de personas merodeando en sus zonas de confort que se resisten al cambio en cada vuelta que dan. La solución de liderazgo es crear y comunicar una visión poderosa que de vuelta atrás al letargo y encienda nuevamente el deseo de ganar y de hacer más de lo esperado.

Una Visión Clara es Importante para el Éxito y la Efectividad

Es sencillo entender por qué la visión es un elemento importante en el éxito, cuando comprendes lo que es realmente el éxito. Esta es mi definición del éxito:

> Somos exitosos cuando logramos
> objetivos que habíamos establecido previamente

Si no tienes visión, no hay nada que vincular a tus objetivos y nada para ayudarte a medir tu desempeño y progreso. Por ello, una visión no sólo se convierte en algo que te *motiva* y que te da *el poder de cambiar tu comportamiento*; también se convierte en la plomada o vara medidora que te ayuda a mantenerlo todo junto mientras ejecutas tus planes. Todo esto marcha bien cuando tienes una visión clara, pero ¿qué haces si una visión clara del futuro te ha eludido? En el Apéndice A, el Ejercicio 5 puede ayudarte a desarrollar tu visión para que puedas planear tu éxito.

El Valor de Combinar Oportunidad con Fortalezas Personales: Un Caso de Estudio

Durante mediados de los años noventa, viajaba más de veinte días al mes. Tuve múltiples oficinas en los Estados Unidos y en el Lejano Oriente. Trabajaba a punta de reloj, compensando el jet lag y las zonas horarias. Este Fue un momento de mi carrera en el que estaba siendo orillado a distintas direcciones, e iba tras cada oportunidad que se me presentara. Estaba obteniendo mucho financieramente, pero no estaba viviendo una vida congruente con mis valores personales. No quise ser un padre y un marido ausente, y era exactamente en lo que me estaba convirtiendo.

Sucedió que la visión que tenía para mí no era tan clara como debía ser. Tenía un concepto bastante claro de lo que quería lograr, pero no había establecido una clara imagen en mi mente de lo que realmente quería en mi vida sobre todas las cosas. Fue en tal punto que decidí aplicar en mi propia vida los principios que enseñaba a los demás. Eso significó crear una nueva visión teniendo claridad de lo que realmente quería.

> *"La gente que produce buenos resultados*
> *se siente bien consigo misma."*
> —Ken Blanchard

A medida que comencé a evaluar mi situación, pude ver que había creado muchos objetivos y metas para mí mismo, pero eran objetivos que fueron creados en respuesta a oportunidades a corto plazo. Por ejemplo, si Chrysler Corporation (uno de mis más grandes clientes en los años noventa) me pedía crear estrategias de concesionarias de autos para Japón, Taiwán, Corea y China, mi respuesta era abrir una oficina en esos países. Así es como terminé pagando rentas en todo el mundo. Tenía de algún modo que encontrar la forma de reconciliar y reunir mis oportunidades con una visión estratégica para mi vida.

Comencé este proceso buscando todas las oportunidades antes de mí, y las separé en dos grupos:

1. El primer grupo involucraba las oportunidades de hacer cosas que

me entusiasmaban.
2. El segundo grupo involucraba las oportunidades que requerirían más del tiempo que estaba dispuesto a dar.

Después de crear mi inventario de oportunidades, hice un inventario de mis más grandes fortalezas y debilidades. Identifiqué las cosas que realmente amaba hacer y las cosas que mis clientes parecían valorar más, respecto al trabajo que hacía para ellos. Cuando casé al inventario de oportunidades con mis fortalezas, una muy clara imagen de lo que quería comenzó a formarse. Quise convertirme en un coach estratégico de altos líderes de negocios y
empresarios. Quise también un mínimo de viajes, quise crear valor en las vidas de mis clientes que no encontrarían en ningún otro sitio, y quise duplicarme en otros para así poder continuar haciendo crecer mi cartera de clientes.

Tan pronto como esa visión se hizo clara en mi mente, descubrí que estaba siendo llevado hacia delante de la más poderosa manera que había experimentado jamás. Comencé de inmediato a hacer cosas que me permitieran hacer realidad aquella visión. En dos años, cerré mis oficinas foráneas, construí un Estudio de Aceleración Estratégica de alta tecnología en mi estado en Dallas, y comencé a hacer sesiones estratégicas para mis clientes en esta instalación especial.

Esta breve sinopsis de mi viaje a la claridad y visión ilustran los pasos prácticos para crear mi visión. Una Declaración simple:

La visión se crea combinando la oportunidad con tus fortalezas y talentos personales.

Cambié mi visión para capitalizar en lo que realmente amo hacer, en lo que supe que era bueno haciendo, y en lo que era mejor para mi familia. Eliminé o reduje las acciones que me quitaban tiempo o energía de las cosas que mejoraban mi vida e incrementaban mi felicidad. Busqué nuevas oportunidades que se ajustaran mejor a mis fortalezas y talentos personales, y pude darme cuenta de que el resultado era un incremento de satisfacción y éxito.

La creación (y modificación) de la visión requiere de comprometer al cerebro con un pensamiento concentrado respecto a tus oportunidades. La mente humana es una máquina maravillosa, pero a menudo intentamos llevarla a hacer cosas más allá de su diseño. El cerebro hace muchas cosas, pero su principal función consciente es razonar y sacar conclusiones. Es en el proceso de pensamiento, razonamiento y de sacar conclusiones que el cerebro produce lo que llamamos ideas. Ahí donde nos desviamos del camino es donde pensamos que nuestros cerebros son capaces de desarrollar ideas completamente nuevas ¡y el cerebro no puede hacer eso! Tu cerebro sólo junta las cosas que no parezcan estar relacionadas y crea *nuevas posibilidades* fuera de esas conexiones.

Otra forma de ver este proceso es decir que cuando tu cerebro hace conexiones creativas, tiene el poder de reconocer nuevas oportunidades. Estas oportunidades vienen en forma de ideas. Es el reconocimiento de oportunidades lo que permite el nacimiento y despegue de una visión.

Todos hemos escuchado el dicho que dice "la oportunidad toca la puerta", pero cuando entiendes cómo funciona tu cerebro, puedes percatarte fácilmente de que no es así. La oportunidad simplemente existe si las conexiones correctas pueden hacerse respecto a ciertos hechos. Estos hechos sólo necesitan de algo para vincularlos y transformarlos en nuevas posibilidades. Así que, si sientes que las oportunidades han pasado o que no has tenido suficientes, es probable que no sea real. En vez de ello, *simplemente no has vinculado los eventos de tu vida con algo que realmente quieres.* Cuando puedes hacer esa conexión, las oportunidades aparecen por doquier.

¡La Visión Puede Transformar la Peor de las Circunstancias!

Es un hecho de la vida que la gente no nace en condiciones equitativas. Algunos comienzan sus vidas en mejores circunstancias que otros, y tienen poco que hacer con esas circunstancias: Sus padres y antecesores tienen ese crédito. Es una realidad de la existencia humana. Algunos dirían que la gente que nace en gran pobreza o en otras circunstancias tiene nulas oportunidades o nada de esperanza ¡pero esa idea no es correcta! Muchas personas han escapado de condiciones horribles respaldadas por una poderosa visión, porque una visión auténtica tiene el poder de *llevar* a la gente fuera de sus circunstancias y llevarlas a una vida mejor.

Para ilustrar esta verdad, quiero compartir contigo una historia de un hombre llamado Albert Mensah. Es una historia simple, pero demuestra poderosamente cómo las dinámicas de una visión clara pueden producir un cambio increíble en una vida.

Mejorar, no Amargarse: Un Caso de Estudio

Albert nació en una choza de barro en la nación africana de Ghana. La pobreza en la cual vivió es ajena a la experiencia americana y es difícil incluso imaginarla. Cuando tenía seis años y contaba con capacidad física, se le asignó a Albert un trabajo que implicaba hacer dos viajes al día para acarrear agua a más de tres kilómetros de distancia de su hogar. Su familia necesitaba agua para poder beber y bañarse.

Cuando Albert tenía diez años, las circunstancias de su vida cambiaron un poco: su padre obtuvo un trabajo en el gobierno y su familia se mudó a la ciudad capital. Aquella mudanza no hizo que la familia de Albert se hiciera rica; tan sólo habían escapado de la choza de barro. Incluso en su nuevo hogar, la familia de Albert seguía viviendo en un nivel de pobreza por debajo de las peores condiciones que puedan existir en América.

Un día, el padre de Albert lo llevó a ver su primera película. Era una película americana proyectada en una casa de barro, y la pantalla de la película era una sábana. Aquello que impresionó a Albert respecto a la película era que todos usaban zapatos. Esto podría ser poca cosa para los americanos, pero para Albert era la revelación de un cambio de vida. Nunca había tenido un par de zapatos, y desde el momento que vio la película, la visión de ir a América invadió su mente. Él quiso vivir en el lugar donde todos usaban zapatos. El factor "quiero" había sido creado en Albert Mensah, y cambió su vida.

La visión de Albert de ir a América fue algo de lo que les habló a sus amigos todo el tiempo. La respuesta que obtuvo fue ridícula y tormentosa. Fueron tan lejos que comenzaron a apodarlo "States" porque hablaba constantemente de ir a América. El apodo estaba destinado a ser una broma condescendiente. Pese a ello, a la edad de diez años, Albert fue tras su visión, y se comprometió con él mismo a descubrir una forma de ir a América.

Cuando Albert tenía doce años, fue momento de decidir a qué secundaria iría. Había dos escuelas católicas en su ciudad, pero una de ellas, St. John, tenía más profesores americanos y más libros. La familia de Albert lo motivo a ir a St. John debido a su sueño de ir a América. Pensaron que, si había modo de hacerlo ir a St. John, los profesores americanos podrían ayudarlo a encontrar la forma de que fuera a América. Albert fue aceptado como estudiante en St. John y fue ahí donde descubrió la biblioteca y el poder de los libros. Aprendió que leyendo libros podía viajar a donde fuera en su mente y que podía aprender todo lo que necesitara aprender.

Albert también aprendió acerca de la existencia de amigos por correspondencia. Había personas en América a quienes podía escribir y de quienes podría aprender más sobre América. Tras este descubrimiento, Albert comenzó una carrera de escritor por correspondencia implacable. Él mantuvo correspondencia con muchos estadounidenses y otras personas de todo el mundo a lo largo de sus años de secundaria. Les hizo montones de preguntas, y una cosa que descubrió fue que las universidades estadounidenses ofrecían frecuentemente becas para extranjeros como él en caso de que calificaran.

Para hacer corta la historia, después de aplicar y ser rechazado por más de trescientos colegios y universidades americanas, eventualmente recibió una beca total del Western Maryland College cercano a Baltimore.

Albert llegó a América a la edad de dieciocho años, y se graduó de la universidad de Western Maryland cuatro años más tarde. Después de su graduación, estaba listo para salir y perseguir el sueño americano. Por desgracia, Albert no pudo conseguir un trabajo igual a su nivel de educación. Su sueño americano se convirtió en el lavado de platos en el hotel Marriott. Él y su nueva esposa estadounidense vivieron una existencia precaria en un pequeño apartamento. La igualdad de oportunidades todavía tenía un camino que recorrer en los Estados Unidos, y Albert experimentó la discriminación por ser negro y ser originario de África. Sin embargo, la respuesta de Albert era mejorar y no amargarse. Había llegado demasiado lejos como para ser retenido por un poco de discriminación.

La respuesta de Albert a sus circunstancias fue fijar una meta para convertirse en el mejor lavavajillas que la Corporación Marriott había visto jamás. Su impecable rendimiento en su área y su ética de trabajo le llevó a un ascenso: Se convirtió en el "garrotero" en un salón de cócteles del Marriott, haciendo la limpieza y manteniendo la barra equipada con los suministros. El sueldo no era mucho mejor que cuando había sido lavavajillas, pero se le puso en contacto con el público. Albert se dio cuenta de que muchas personas que entraban al salón parecían estar bien financieramente. Estas personas comentaban que estaban en el mundo de las ventas. Albert no sabía lo que aquello significaba, pero estaba dispuesto a adentrarse a ese mundo si ello podía sacarlo de las cocinas y bares del Marriott.

Albert consiguió un trabajo vendiendo anuncios de las páginas amarillas, y se convirtió en uno de los cinco principales vendedores de la compañía en los Estados Unidos. Cuando comenzó a vender anuncios de las páginas amarillas, no sabía nada de ventas, así que, en su primer día, se encontró con el nombre del vendedor más exitoso en su oficina. Albert se hizo amigo de esa persona y le preguntó qué necesitaba hacer para ser exitoso. Obtuvo la información e imitó esos comportamientos. Un año después, Albert era el vendedor estrella de esa oficina.

Albert se convirtió también en un ávido consumidor de productos de entrenamiento en ventas y asistió a muchos seminarios de ventas realizadas por expertos y oradores motivacionales. Ver a estas personas conducir sus propios seminarios creó una nueva visión en Albert: quería convertirse en un orador profesional y hacer sus propios seminarios. Pensó que tenía mucho que decir respecto a las oportunidades y el éxito y que la gente le gustaría oírlo hablar de ello.

Albert se unió a Toastmasters, y durante su primer año de participación, obtuvo el segundo lugar en la Competencia Mundial del colectivo. Esto lo posicionó para comenzar su propia carrera como orador, y hoy en día Albert viaja por el mundo compartiendo su mensaje de oportunidad más de un centenar de veces por año.

También ha creado una base financiera para ayudar a los niños pobres en Ghana, y viaja a su país de origen dos veces al año para trabajar en ello. Su proyecto es respaldado por el gobierno y por el propio presidente de Ghana.

Nada mal para un niño africano pobre que comenzó la vida sin esperanza, sin habilidades ¡y con lo que muchos dicen que era una vida condenada a la pobreza por la falta de oportunidades!

Tener Claridad sobre lo que Realmente Quieres

Lo que me gusta de la historia de Albert Mensah es que implica varios principios poderosos, e ilustra el poder de empuje que viene de ser claro acerca de lo que realmente se quiere. Para la mayoría de nosotros, ir a ver una película no es suficiente para crear una visión de toda una vida; sin embargo, en el caso de Albert, eso es exactamente lo que sucedió. La razón por la que la película tuvo un efecto tan poderoso en Albert fue que tuvo poderosamente claro en su mente lo que realmente quería. No fue complicado: Él quería venir a América para poder tener zapatos. El *por qué* la película tuvo el efecto sobre Albert no es tan importante como el *efecto* que produjo: una total claridad sobre lo que realmente quería, la pieza más importante de la visión del rompecabezas de la creación. A esto lo llamo el *efecto claridad*.

> *"La disciplina es el puente entre los objetivos y las metas."*
> —Jim Rohn

En la historia de Albert, vemos que tuvo claro en su mente lo que quería antes de que él fuera capaz de hacer realmente cualquier cosa para perseguir su visión. Fue puramente el poder de la visión lo que le permitió tomar las medidas de acción en los años siguientes y lo que finalmente lo llevó a obtener su beca universitaria y una nueva vida en su país adoptivo. Tener claro qué era lo que quería le permitió descubrir y asistir a la escuela de St. John, donde hizo sus primeras conexiones reales hacia América. Eso ocurrió unos años después de que Albert viera por primera vez aquella película que despertó su visión.

Al ser aceptado en St. John, Albert descubrió la biblioteca y el poder de la lectura y la educación. Fue leyendo libros donde Albert descubrió las posibilidades de tener un amigo por correspondencia. Al convertirse en un amigo por correspondencia, Albert descubrió la posibilidad de recibir una beca universitaria por parte de una universidad estadounidense. La persistencia implacable de Albert de escribir a los colegios y universidades de América, lo condujo a su beca, y esto se convirtió en su boleto hacia América.

¿Te das cuenta de las pequeñas progresiones que llevaron a Albert a venir a América? Lo que hizo en determinado momento fue ir tan lejos como pudiera ver... y entonces pudo ver aún más lejos.

Cuando Albert vio por primera vez la película y la visión de ir a América se fijó en su mente, él no tenía oportunidades de ir realmente a América. Él tenía más que claro qué era lo que quería, y había visto una oportunidad única en esa película. Debido a que tenía claro qué era lo que quería, cada pensamiento en la mente de Albert se dedicaba constantemente a encontrar algo importante que pudiera hacerle dar un paso más cerca de su sueño. Por ello, Albert iba constantemente tras su visión. Nadie tuvo que obligarlo. Su comportamiento de hacer todo lo necesario fue impulsado por su creencia de que era posible para él llegar a América. Todos los cambios que hizo fueron voluntarios y llegaron como resultado de ser claro respecto a lo que realmente quería.

Sea cual sea tu visión, Albert es un gran ejemplo del valor de verdad de creer en lo que estás persiguiendo y de hacer un cambio voluntario. Cada gran viaje o éxito es una serie de pequeños pasos y tareas manejables, y al finalizarlos, se volverán evidentes más oportunidades y caminos que se abrirán para ti. Tener verdadera claridad respecto a lo que quieres te llevará al éxito.

Reconocer las Oportunidades en tu Propia Vida

Uno de los efectos aparentemente milagrosos de tener cada vez más claro lo que realmente quieres es comenzar a ver nuevas oportunidades en todas partes. Cuando no tienes claro qué es lo que quieres, puede parecer que tus oportunidades son nulas o que no las hay. En realidad, sin una visión clara, no hay muchas oportunidades que puedan identificarse, ya que hay muy poco en tu cabeza que te aporte la capacidad o el deseo de reconocer las oportunidades. Cuando tienes claro qué es lo que quieres, comienzas de pronto a darte cuenta de que todo en tu vida hasta ese momento se ha preparado de forma única para hacer lo mismo que ahora ves con tanta claridad. También eres capaz de hacer conexiones entre los *acontecimientos diarios* de tu vida y cómo son realmente las *oportunidades* las que te acercarán aún más a tu visión.

"Debes ser listo.
Los días sencillos han terminado."
—Robert Kiyosaki

¿Te sientes estancado en tu negocio o en tu vida personal? ¿Sientes que has logrado todo lo posible con lo que tienes? Aquí es donde George Burke, el empresario de Atlanta describe en el capítulo 1 haberse encontrado: Él pensaba que no podría tener más éxito en su negocio, sin embargo, después de haber desarrollado una visión clara de lo que quería, duplicó sus ingresos en tan sólo dieciocho meses. Yo digo que ninguno de esos sentimientos de estancamiento o completa realización, son realmente ciertos. Sólo tienes que tener claridad respecto a lo que quieres y entonces aparecerán nuevas oportunidades. Las oportunidades que descubrirás vendrán en forma de pasos pequeños y razonables que puedes dar y que te moverán un poco más cada día para que puedas convertir tu visión en algo real.

Dar pequeños pasos es la verdadera base de los logros. Las posibilidades matemáticas de ganar la lotería son casi incalculables. De la misma manera, la posibilidad matemática de hacer algo enorme para lograr concretar un sueño es igual de remota. Puedes encontrarte con ejemplos aislados de "éxitos de la noche a la mañana", pero para la mayoría de nosotros, el "éxito de la noche a la mañana " en realidad es el resultado de dar una gran cantidad de pequeños pasos que están conectados a nuestro sueño. En el Apéndice A crearás un plan de acción (véase el Ejercicio 4) que te ayudará a crear los pasos (tareas) y fechas de entrega para concretar tu sueño.

Anclar un Barco Parece Imposible, Pero en Realidad es Una Serie de Pequeños y Fáciles Pasos

¿Alguna vez has estado en un crucero por el Caribe? Cuando los grandes cruceros llegan a los puertos más pequeños, anclar el barco es una maravilla para la vista. En el muelle hay un gran sistema de fijación, y de alguna manera la tripulación del buque debe manejarse con seguridad con una cuerda desde el barco hasta la cala. La cuerda es enorme, y es demasiado pesada para simplemente lanzarla hacia alguien que esté parado en el muelle.

Así que, lo primero que sucede es que alguien desde el barco lanza una pequeña bola de hilo a una persona de pie en el muelle. La bola de hilo es fácil de atrapar y fácil de manejar. Esa bola de hilo está conectada a una pequeña cuerda que también se puede manejar fácilmente, sin embargo, es lo suficientemente fuerte para transportarse en una cuerda mucho más grande, que es el objetivo real. La gran cuerda está unida a un enorme cabrestante a bordo de la nave. El marinero en el muelle ata el hilo y la pequeña cuerda y luego arrastra la gran cuerda sobre el gancho, al cual se une con facilidad. En ese momento, el poderoso cabrestante en el barco toma el relevo en la cuerda grande y posiciona a la enorme nave cómodamente junto al muelle.

Esto ilustra claramente cómo hay que acercarse a la oportunidad. Puedes ver algo realmente grande en tu visión, pero puede ser igual que la cuerda que es demasiado grande de levantar y demasiado pesada para lanzar. Lo que necesitas es *una serie de conexiones más pequeñas* que te permitan manipular y controlar mejor tu más grande oportunidad. Lo único de lo que tienes que preocuparte es si las oportunidades que persigues están realmente conectadas a tu más grande visión.

Entender tus Dones y Fortalezas es Fundamental

Creo que, en algún punto en la vida, la mayoría de las personas tienen un sueño, pero algo sucede con ello con el tiempo. A cada niño que comienza a ir a la escuela se le pregunta *"¿Qué quieres ser cuando seas grande?"* Si alguna vez has visto a niños que se enfrentan a esta pregunta, sabes que responden rápidamente, con poco titubeo. Algunos dicen, "yo quiero ser bombero." Otros dicen, "yo quiero ser piloto." Otros pueden decir que quieren ser médicos o incluso el Presidente de los Estados Unidos. Sin embargo, muy pocos de estos niños viven realmente sus sueños de la infancia.

¿Has tenido un sueño de infancia que finalmente hayas concretado? La mayoría de nosotros no lo hace. Como adultos, muchas personas aún se encuentran haciéndose la pregunta, *"¿Qué quiero ser cuando sea grande?"* Esto nos lleva a una pregunta obvia que necesitamos responder acerca de nosotros mismos. ¿Alguna vez en nuestras vidas tuvimos una visión y fue eso algo que realmente querías lograr? Mi conjetura es que respondería que sí. Entonces, ¿qué te ha pasado en el camino, en caso de no haber podido ejecutar tu visión?

Hay dos razones principales por las cuales pudiste haber decidido darte por vencido de tus sueños:

- La primera razón es no tener claro qué es lo que realmente quieres.
- La segunda razón es que no te acercaste a tus oportunidades adecuadamente.

Es posible que hayas creído que tenías que hacer cosas que fueran grandes, enormes, e importantes. Lo que realmente necesitas hacer es *conectar una serie de pequeños pasos y oportunidades* que a su vez producirán el resultado final que deseas. Ve tan lejos como puedas ver ¡y entonces verás aún más lejos! Para Albert Mensah, el objetivo fue ir a una escuela americana, mantener comunicación con sus amigos por correspondencia, y escribir a universidades americanas en busca de una beca. ¿Cuáles son las oportunidades que tú necesitas conectar para convertir *tú* visión en una realidad?

Más allá de ver una película que ofrezca toda una vida de inspiración, creo que la auténtica visión del tema discutido aquí (crearás el tuyo en el Apéndice A, Ejercicio 5) será descubierta o generada partiendo de tus propias experiencias personales, fortalezas, y dones. Cada ser humano puede aspirar a algo que él o ella tiene que ninguna otra persona tiene, y eso te incluye a ti. Lo único que posees es tu propia vida. Las experiencias que has vivido son tan únicas como tus huellas dactilares o tu ADN. Aunque muchas vidas pueden presentar algunas experiencias y características comunes, las experiencias únicas de tu vida te pertenecen a ti y sólo a ti. Dentro de esas experiencias únicas, tus dones y talentos están expuestos. En el Apéndice A, Ejercicio 6 se te ofrece la oportunidad de reflexionar y documentar lo que te hace especial. Esto te ayudará a capitalizar tus fortalezas únicas.

"Ve tan lejos como puedas ver
¡y entonces verás aún más lejos!"

Cada uno de nosotros tiene la habilidad de hacer una cosa en particular y hacerla muy bien. Para algunas personas, puede ser la habilidad de enseñar y explicar las cosas. Para otros podría ser la habilidad de meterse en situaciones complicadas y discernir soluciones simples. Para otros puede ser la habilidad de escribir. Y otros pueden tener el don y la habilidad de crear poesía, música, u otra forma de arte. Para algunos puede ser la habilidad mecánica o la capacidad atlética. Sean cuales sean tus dones o talentos, pueden ser vistos como un hilo irrompible a lo largo de tu vida. Nuestros talentos y dones se hacen evidentes cuando somos jóvenes, y continúan refinándose y revelándose hasta la muerte.

El hecho más importante respecto a tus dones y tus talentos es que involucran cosas que probablemente te gusta hacer. Piensa en esto: Nadie tiene que *forzarte* a hacer esas cosas. Las haces porque te dan placer y porque al hacerlas sientes que has dado valor a los demás, así como a ti mismo.

Por esa razón, creo que la auténtica creación de una visión comienza desde que aceptas tus dones y talentos. Me refiero concretamente a los talentos y dones que te permiten exceder las expectativas de los demás. Cuando reconoces y demandas tus talentos en el contexto de la creación de valor, comenzarás a ver las conexiones que conducen a una auténtica visión con el poder de transformar tu vida profesional y personal y, posiblemente, la vida de muchos otros.

¿Cómo funciona todo esto para una empresa? No hay diferencia. Las organizaciones tienen habilidades y capacidades únicas debido a que las personas que integran la organización tienen capacidades y habilidades únicas. De la misma manera que los dones y habilidades personales son vistos a lo largo de una vida individual, también se observan en la vida de una organización. Hay ciertas cosas que tu negocio hace muy bien, y la habilidad de hacer estas cosas es lo que te diferencia de la competencia. La comprensión de estas ventajas es fundamental para mantener el éxito de la organización y la eficacia a lo largo de la trayectoria.

Resumen

Lograr la claridad de la visión es la piedra angular de la aceleración estratégica. Cuando se tiene una visión auténtica, las cosas suceden. Cuando tienes claridad respecto a tu visión, descubrirás estar yendo hacia ella, y todo lo que tienes que hacer es seguir las posibilidades de conexión que te hacen hacerlo. El efecto de empuje de una auténtica visión te permite hacer conexiones más rápidas. Puedes identificar y aprovechar las oportunidades más rápido. Los resultados a alcanzar serán superiores, y vendrán más rápido de lo que pudiste haber creído posible.

El Capítulo 3 habla de la importancia de entender el "por qué" detrás de tu visión. Tener claridad del propósito y visión, así como la habilidad de comunicarla a otros en quienes yace tu éxito, te mantendrá avanzando.

Puntos muy Importantes

- Dar pequeños pasos es la verdadera base de los logros. Las posibilidades matemáticas de ganar la lotería son casi incalculables. De la misma manera, la posibilidad matemática de hacer algo grande para lograr un sueño es igualmente remota. Puedes encontrar ejemplos aislados de éxito de la noche a la mañana, pero para la mayoría de nosotros, el "éxito de la noche a la mañana " es en realidad el resultado de dar pequeños pasos que están conectados a nuestro sueño.

- Tienes éxito al lograr objetivos o metas que estableces con antelación

- Si no tienes visión, no hay nada a qué atar tus objetivos y nada para ayudarte a medir tu rendimiento o progreso. Es por ello que una visión no sólo se convierte en algo que motiva y puede proporcionar el poder de cambiar tu comportamiento, sino que también se convierte en la plomada o vara de medir que te ayuda a mantener todo en conjunto a medida que lleves a cabo tus planes

- El logro de la claridad de la visión es la piedra angular de la aceleración estratégica.

- Cuando tienes una visión auténtica, las cosas suceden. Cuando tienes claridad respecto a tu visión, descubrirás que te estas encaminando hacia ella, y todo lo que tienes que hacer es seguir las posibilidades de conexión que te mantienen yendo hacia adelante. El efecto de empuje de una auténtica visión te permite hacer conexiones más rápido. Puedes identificar y aprovechar las oportunidades más rápidamente. Los resultados que logres serán superiores, y vendrán más rápido de lo que pudiste haber creído posible.

CAPÍTULO 3

La Comprensión del "por qué" Produce Claridad

Debes saber por qué haces lo que haces,
lo que requieres para que entiendas
el propósito y el valor de todo lo que haces.

En el Capítulo 2 hablamos de la importancia de tener claridad respecto a tu visión, lo que te permite identificar y encontrar oportunidades más rápidamente. Pero, piensa en esa palabra, "claridad" ¿Qué significa realmente? ¿Qué significa para ti?

Buscar definiciones de la palabra es un ejercicio de tratar de entender algo intangible, importante y personal. Es una percepción, es un proceso. Algunas personas describen la claridad como una concentración especial que les permite ver, sin trabas ni prejuicios, lo que realmente les importa. Para otros es un despertar, una revelación, casi una epifanía cuando se obtiene. Incluso hay otros que dicen que es una comprensión ordenada respecto a su finalidad, sus prioridades, y su camino. Todas estas definiciones son buenas, pero todos tenemos que tener nuestra propia comprensión única de lo que significa esa palabra para nosotros.

"Claridad" Vaya palabra ¡vaya concepto! Paso un poco de mi tiempo escribiendo, pensando y enseñando a otros acerca de esta dinámica palabra de ocho letras. Es una palabra muy importante, llena de potencial, de promesa y posibilidad que sostiene el destino de los individuos y organizaciones en su poderoso agarre. Es algo que todos debemos desear,

buscar, y tener ¿cierto? Para ir realmente más allá de donde estás ahora y pasar al siguiente nivel de tu éxito, simplemente hay que tener claridad. Pero, ¿cómo conseguirla?

> *"La definición básica de la claridad es*
> *tener una visión sin restricciones*
> *respecto a lo que quieres y por qué lo quieres,*
> *alimentada por un entendimiento*
> *de su propósito y valor".*

Al igual que con todas las construcciones complejas, hay un punto de partida sobre el cual las capas posteriores de comprensión y aplicación residirán. Creo que el primer paso para obtener claridad es ponerse de acuerdo sobre una definición simple y construir partiendo de ahí.

La definición básica de la claridad es tener una visión sin restricciones respecto a lo que quieres y por qué lo quieres, alimentada por un entendimiento de su propósito y valor. Para explicarlo mejor, he aquí un modelo de lo que llamo *La Ecuación de la Claridad*:

La Ecuación de la Claridad

Qué + Por qué	=Claridad
Propósito + Valor	

El resto de este capítulo analiza los componentes de la ecuación y te prepara para el desarrollo de tu propia Ecuación de la Claridad en el Apéndice A (véase el ejercicio 9), con detalles y acciones completos.

Qué y Por qué: Desarrollando Tu Visión y Entendiendo Tus Influencias

Qué + Por qué	=Claridad
Propósito + Valor	

Así que pregúntate lo siguiente:

- ¿Qué quieres realmente?
- ¿Por qué lo quieres?
- ¿Cuál es tu objetivo primordial, lo que más deseas y por qué es tan importante para ti?

Esa es tu visión. Si puedes expresar esa visión, has dado el primer paso hacia el desarrollo de la claridad. ¡Has llegado a la clave de tu potencial! Ahora es el momento de abrir todas las otras puertas que encontrarás, y de muy probablemente crear, contando tan sólo con esta claridad inicial.

Espero que la palabra "por qué" haya realmente desencadenado un nuevo pensamiento en ti. Todos sabemos lo que queremos, en su mayor parte, pero ¿sabemos todos por qué lo queremos? A veces, el "por qué" puede hacernos o rompernos cuando estamos por alcanzar el éxito. El "por qué" influye profundamente en las acciones que tomas. . . o en las que no. Se guía por tus creencias, percepciones y actitudes, las cuales se desarrollan durante toda una vida de experiencia de la clasificación de los "por qué" de otras cosas. En otras palabras, si no entiendes el "por qué" de tu visión, tu creencia no puede ser legítima o suficiente para soportar tu propio cambio voluntario, y mucho menos para influir a los demás a cambiar. En pocas palabras, no vas a creer plenamente en tu visión hasta que entiendas su "por qué".

El *"Por qué"* se clarifica mediante la comprensión de su propósito y valor. Lo más importante, se refiere a la percepción positiva que tiene la gente sobre el propósito y valor. Si un pequeño grupo de personas genera un plan que abarque hacer que otros sigan mandatos sin garantizar que esas personas tengan una percepción positiva del plan, la concentración y la ejecución serán desiguales, por decir lo menos. Si hay una percepción negativa del propósito y valor, no habrá voluntad de superar las expectativas o cambiar voluntariamente de manera que los mejores resultados se puedan lograr. En consecuencia, los líderes tendrán que forzar al equipo, en lugar de permitir que la visión los lleve a ellos. Por esta razón, el *"por qué"* se convierte en el tema crítico de la percepción, y para alcanzar la claridad, debe ser dirigido.

> *"Si estás vivo, hay
> un propósito para tu vida."*
> — Rick Warren

¿Cuántos de nosotros hemos experimentado conversaciones con nuestros hijos que persiguen un sinfín de variaciones del "por qué" durante sus años de crecimiento? Los niños quieren saber el "por qué" de las cosas antes de que de buena gana y alegremente cumplan con las instrucciones de los padres. Los padres no siempre hacen un buen trabajo de hacer frente a los "por qué" y terminan forzando a sus hijos al camino del cumplimiento. Parece que los niños nacen con el "por qué" grabado en sus cerebros, y sale a flote en el momento que se percatan de su habilidad de hablar. (Un amigo mío dijo en broma que la primera palabra de su hija fue "por qué" en vez de "mamá").

El deseo de saber por qué no desaparece cuando los niños se convierten en adultos. Ellos simplemente no impulsan el tema de la forma tan agresiva como lo hicieron cuando eran niños. Sin embargo, la cuestión del "por qué" se mantiene en la vanguardia de cada mente humana, incluso si no se hace la pregunta. El punto que estoy haciendo es que sólo porque el liderazgo decide que una cierta visión o dirección es correcta, no quiere decir que la claridad se ha logrado en el contexto de la percepción. El propósito de todo esto, el "por qué" de las cosas, debe ser percibido por aquellos que son necesarios para ejecutar la visión. El mismo principio se aplica a nivel personal. El hecho de que decidas que necesitas hacer algo no quiere decir que vayas a hacerlo.

Permitiendo la Transparencia: Un Caso de Estudio

Tengo un buen amigo que recientemente compartió una historia conmigo acerca de algunas cosas que sucedieron en su iglesia. La iglesia era una congregación relativamente pequeña de unas cuarenta personas. Eran tan unidos como cualquier grupo de personas que pudieras encontrar. El grupo había existido desde hace casi una década, y durante ese período de tiempo, no había ningún indicio de falta de unidad o de desacuerdos sobre cualquier cosa. Esta pequeña iglesia no tenía ninguna deuda, era una instalación de 1.800 metros cuadrados, sin hipoteca, y con $150.000 dólares en efectivo en el banco. El plato de la ofrenda nunca fue usado, y nunca hubo intentos abiertos o solicitudes para recaudar dinero. Los miembros simplemente donaban voluntariamente a medida que surgieran necesidades, sin ser forzados a hacerlo. Ellos apoyaron financieramente a media docena de familias misioneras en todo el mundo y servían activamente a las necesidades de su comunidad local.

Entonces el pastor tomó la decisión personal de retirarse y dejar la iglesia. Por alguna razón, no creía que fuera importante para nadie saber que se iba, y no creía que fuera importante que los miembros de la iglesia tuviesen ninguna participación en la selección de su reemplazo. El pastor aconsejó a tres ancianos de la iglesia, y esas cuatro personas decidieron el destino futuro de la misma y no se hizo ningún esfuerzo para recabar opiniones de otros miembros de la iglesia acerca de alguna cosa.

"No tengas miedo de ver lo que ves."
— Ronald Reagan

Un domingo por la mañana, el pastor hizo el anuncio de que se iba en tres semanas, y nombró a su reemplazo. El efecto emocional de la iglesia fue desastroso a causa de la percepción del secreto que rodeaba todo el proceso de transición. No hubo claridad porque ninguno de los miembros comprendió por qué la transición había sido tratada de esa manera.

Pocos compromisos o grandes cambios pueden llevarse a cabo en un vacío. El verdadero éxito se basa en el apoyo y aceptación de los demás. Debes entender las razones por las que tu visión es importante, y debes ser capaz de comunicar claramente aquella importancia. Al igual que la claridad con la que tú (y otros) se encaminan hacia la realización de sus visiones, es seguro que un mensaje confuso respecto al "por qué" asegure un desvío del éxito.

Propósito: Motivadores Comunicacionales

Qué + Por qué	=Claridad
Propósito + Valor	

¿Cuál es tu propósito en la vida? ¿lo sabes? Uno de los libros de mayor éxito de este nuevo siglo es *Una Vida Con Propósito: ¿Para qué estoy aquí en la tierra?* de Rick Warren.

A pesar de que la base del libro es espiritual, es probablemente el libro más comprado acerca del propósito en la historia. El mensaje de Warren está diseñado para ayudar a las personas a descubrir su propósito en la vida, para que puedan ser motivados a hacer algo. Su libro presenta al propósito como un principio motivador fundamental. Ha vendido más de veinte millones de copias, y su éxito es una prueba empírica del deseo que la gente tiene para poner algún tipo de estructura significativa en sus vidas y que les proporcione la habilidad de hacer cambios en las mismas. El libro de Warren ha sido comprado por individuos, negocios y lugares de oración en grandes cantidades, y ha dado lugar a seminarios educativos diseñados para ayudar a las personas, así como las organizaciones aplican principios de finalidad a sus estrategias de liderazgo.

Cuando se trata de liderazgo, la habilidad de comunicar propósito en conjunción con una visión tiene un poderoso efecto sobre los demás. La razón de su poder es que el propósito proporciona la dirección específica y comienza a traer la aplicación práctica de una visión. Una visión sin un propósito específico puede ser percibida como un capricho, y es difícil conseguir que la gente apoye una visión de esa manera, ya que puede ser difícil de creer. Para conseguir realmente la claridad, la visión y el propósito deben ser vinculados y expresados. Cuando esto ocurre, el cambio voluntario puede ocurrir muy rápidamente.

Para entender cómo el propósito puede y va a contribuir a la claridad que tienes respecto a tu visión, debes ser capaz de responder a una sencilla pregunta:

"¿Por qué lo que quiero es importante para mí y para los demás?"

En términos simples, tienes que ser capaz de enumerar las razones específicas para hacer lo que tu visión te pide hacer:

- ¿Tu visión es convertirte en un gran líder empresarial?

- Si es así ¿cuáles son las razones por las que deseas convertirte en un gran líder empresarial?
- ¿Qué vas a obtener de ser un gran líder, y qué beneficios específicos obtendrán los demás de tu liderazgo?
- ¿Qué cosas específicas son las que quieres lograr?
- De la misma manera, si tu visión es inventar algo o iniciar un negocio, ¿cuáles son las razones que tienes para hacerlo?

Si no puedes expresar las razones específicas por las que tu visión es importante para ti y para los demás, entonces no entiendes tu propósito. También es importante entender que el propósito es un concepto trascendente que en realidad se enrosca alrededor de tu visión y te lleva. Por ejemplo, en el caso de una guerra, la visión podría ser la de ganar la guerra, pero el propósito de ir a la guerra es preservar la libertad. La motivación de la preservación de la libertad (el propósito) en realidad trasciende la visión de vencer en la guerra y legitima todo el esfuerzo. El Ejercicio 8 en el Apéndice A te ayudará a definir el propósito y el valor de tu visión, dándole peso y legitimidad.

La Visión de Un Hombre Joven se Convierte en Realidad: Un Caso de Estudio

En el 2005, Ben Kaufman comenzó un nuevo negocio cuando todavía era un estudiante de primer año en la universidad. Tenía una idea y convenció a sus padres de sacar un préstamo y así le prestaron $180,000 dólares para ello. En el 2006, la compañía de Kaufman obtuvo ingresos de aproximadamente 1 millón de dólares. Su compañía, a la que llamó Mophie, se especializa en la creación de accesorios para iPod. Su primer producto fue algo que se llama Song Sling, lo que permitía a los usuarios de iPod llevar cómodamente y con seguridad el dispositivo alrededor de sus cuellos.

¿Fue la visión y el propósito de Kaufman hacer accesorios para iPod? ¡No! La visión de Kaufman era revolucionar la forma en que se desarrollaron productos de consumo. Su propósito (que trascendió su visión) era crear un proceso para capacitar a los consumidores para tener una mayor participación en la creación de los productos que deseaban. Sus productos para iPod eran más que un medio para un fin. Su actitud era que los productos no eran tan importantes, lo que importaba era el proceso.

> *"El propósito es un concepto trascendente*
> *que en realidad se enrosca alrededor*
> *de tu visión y te lleva".*

Después de un éxito importante en el primer año de su nuevo negocio, Kaufman alquiló un stand en la Macworld Expo 2007 y demostró el poder de su visión. Cuando las personas se presentaron en su stand, él simplemente les entregó papel y un lápiz y les pidió que esbozaran su idea para un accesorio para iPod que les gustaría tener. En cuatro horas, se recogieron 120 ideas de nuevos productos para accesorios de iPod.

Esa noche, Kaufman puso las imágenes en el sitio web de su empresa y pidió a los asistentes de la expo votar por los mejores garabatos. El resultado del proceso fue una línea de tres nuevos productos. En sólo tres días, Kaufmann trasladó nuevos productos desde el diseño hasta el mercadeo. Su propósito de impulsar a los consumidores a impactar los productos que deseaban se hizo realidad.

A medida que el proceso de Kaufmann maduró, vendió su línea de productos iPod y comenzó un nuevo negocio en línea llamado Kluster. En el 2008 en una Conferencia de Tecnología, Entretenimiento y Diseño, Kaufmann conectó a 2,700 personas de 104 países en un foro en línea para crear una lluvia de ideas de un nuevo producto. Se les dio parámetros sobre los objetivos del producto, el tamaño del producto, y los materiales que se podrían utilizar. El grupo de Kaufman produjo un juego de mesa vinculado al tema de la conferencia.

En setenta y dos horas, Kaufman se subió al escenario de conferencias con un prototipo completamente modelado del juego y dijo a la audiencia, "Esto es lo que ustedes hicieron." Hoy en día, Kaufman está utilizando Kluster para ayudar a las empresas a conectarse en tiempo real con sus verdaderos clientes para desarrollar y producir rápidamente productos que están determinados a vender: "Su propósito de empoderar a los consumidores para impactar mejor los productos que querían era una realidad."

El propósito que trascendía su visión permitió a Kaufman hacer la transición de su negocio de fabricación de accesorios para iPod a algo más importante. Kaufman dijo recientemente, "Nuestros productos no son importantes; es más bien nuestro proceso, que es escuchar y responder." Kaufman tiene veintiún años de edad y ocupa el número 1 en la lista de los 30 mejores empresarios menores de 30 años de la revista Inc.

Aunque la visión es importante, el propósito puede trascenderla. Un fuerte propósito te dará el poder de alcanzar el éxito que no se esperaba previamente o incluso que no se pensaba posible. Una vez que realmente entiendes por qué estás tras tu visión, se presentan ante ti nuevas y mayores oportunidades, y estarás listo para capitalizarlas.

Valor: Expresando las Necesidades Palpables

Qué + Por qué	=Claridad
Propósito + Valor	

Cuando piensas en el valor ¿Cuál es tu comprensión de esa palabra? Cuando la comparas con el precio, o con el deseo ¿crea eso una influencia en tu comprensión? Una gran necesidad de los negocios de hoy es la formación de los equipos de desarrollo de negocios para comercializar y vender valor por encima del precio. La competencia está apretando márgenes más estrechos que en cualquier momento anterior de la historia, y las empresas han descubierto que la venta estratégica del valor es su mejor esperanza razonable para aumentar los márgenes y ganancias.

El valor es una cuestión de percepción. Cuando las ventas se realizan basándose en el valor percibido más alto, la gente va a pagar más por un producto. Es lamentable que muchas empresas tengan dificultades para expresar su propuesta de valor de una manera poderosa. Esto es particularmente cierto en las empresas que ofrecen servicios. Muchos carecen de claridad en cuanto a lo que realmente es su propuesta de valor, o debería ser, y tienen grandes dificultades para ponerlo en palabras. Ellos buscan continuamente el trigésimo segundo discurso de elevador evasivo que dé una poderosa declaración acerca de lo que hacen y el valor que aportan al mercado. Ellos tienen una idea intuitiva de lo que podría ser, pero les resulta difícil ponerlo en palabras.

La dificultad en la producción de este tipo de lenguaje efectivo es causada por no ser capaz de comprender los asuntos de la propuesta de valor que se debe abordar. Las organizaciones necesitan una proposición de valor que contenga el lenguaje que afecta al oyente a nivel de "necesidad palpable" (que se discutió en el capítulo 2). Son demasiados los líderes y profesionales de desarrollo de negocios que no tienen claridad sobre lo que es una *necesidad palpable*. Por lo tanto, ellos no entienden cómo comunicarse de manera clara ni de impactar las necesidades más palpables de las personas a las que están tratando de vender. Este desafío es más importante para las empresas que ofrecen productos o servicios intangibles.

¿Qué es exactamente una necesidad palpable y por qué es importante? Las necesidades palpables se tratan de las soluciones a los problemas y retos. La gente está instintivamente orientada al problema / solución con respecto de su forma de pensar. Sus problemas pueden ser menores o pueden ser devastadoramente graves. Cualesquiera que sean, tú intuitivamente buscas soluciones para todos ellos. Mucho antes de que se descubran las soluciones para los problemas y retos importantes, por lo general sientes que necesitas algo nuevo para proporcionar soluciones que en realidad puedes poner en práctica. En estas situaciones, tienes por lo general bastante clara la necesidad de una nueva solución debido a que los resultados que estás experimentando no son aceptables. Las soluciones pasadas ya no están funcionando. Estás sintiendo y experimentando los síntomas y los resultados de algunos problemas o retos sin resolver.

Cuando surgen problemas, una respuesta típica es tratar de llegar a soluciones que arreglarán el problema. Esto ocurre en una variedad de maneras. Tienes conversaciones con otras personas. Realizarás algunas investigaciones. Es más probable que sólo tengas que utilizar tu propia experiencia, tu capacidad de razonamiento y el sentido común para averiguar lo que hay que hacer para solucionar el problema. Por lo general, puedes encontrarte con algo que funcione razonablemente bien y pueda solucionar el problema.

Sin embargo, hay veces en que nada parece funcionar, y el problema sigue y sigue y sigue. Cuando esa condición persiste, la solución elusiva a tu desafío se presenta como una de tus necesidades básicas palpables. Puedes describir los síntomas y todo lo que hayas tratado de hacer para solucionar el problema, pero no puedes expresar una receta exacta para resolverlo. Este es el punto en el que el alumno está listo, y es el momento para que un maestro aparezca.

Los consultores son contratados a menudo porque la gente tiene exhaustas a sus propias soluciones. Los consultores son a menudo capaces de demostrar su comprensión respecto a las necesidades primarias palpables de sus clientes y ofrecer soluciones a las creencias de sus clientes que consideren efectivas. Cuando los clientes escuchan su necesidad palpable claramente formulada y también escuchan una solución intuitiva que creen que va a funcionar, el resultado es un "¡ajá!" y es la conexión del problema con la solución. Es una epifanía. Se percibe valor.

La Relación del Valor de los Resultados

Cuando yo era un niño, mi padre me enseñó el principio de negocios más importante de mi vida: *"Da valor: ¡Haz más de lo esperado!"* Para que las personas y las empresas realicen su visión y prosperen realmente, este principio debe conducir todos los procesos de pensamiento. Es la base de cualquier éxito que he disfrutado y, de hecho, mi centro de negocios para ayudar a mis clientes a desarrollar y ejecutar sus visiones está basado en esa idea.

El liderazgo es un concurso de resultados. Si los líderes no ofrecen resultados, se les pide que renuncien y son reemplazados por otros. En el caso de los autónomos, si ellos no entregan resultados, salen del negocio. Un concepto poderoso que todo líder debe entender es la relación de valor para los resultados. Como inversor, empresario y filántropo Warren Buffett dijo tan bien:

"El precio es lo que tú pagas;
el valor es lo que tú obtienes".

Todos hemos oído el término *"remordimiento de comprador"*. Creo que es un término educado para el modo en que se sienten las personas cuando se ha comprado algo y el artículo o la experiencia no satisfacen sus necesidades y expectativas. En muchos casos, esta decepción se acelera a través de remordimiento y se convierte en ira. Todos nos hemos encontrado en esta condición decepcionante, y todo se trata de valor.

¿Obtuvimos lo que queríamos? ¿el producto o servicio cumplió o excedió nuestras expectativas? Los aspectos negativos de la decepción son importantes, pero hay un enorme impacto positivo en los resultados cuando los productos o servicios superan las expectativas de valor.

Piensa en esto: cuando un producto o servicio cumple con las expectativas de los clientes, los clientes estarán satisfechos con su compra, y esto hará que no sientan remordimiento por la compra. No obstante, si el producto o servicio cumple simplemente con una expectativa, ello no siempre será sinónimo de crecimiento para el negocio. El cumplimiento de una sola expectativa no hará que la gente se sienta emocionada. Ellos simplemente están satisfechos con lo que obtuvieron con su dinero. No se convertirán necesariamente en fanáticos entusiastas que les dirán a otros acerca del producto o servicio. Lo que es peor, ellos permanecen abiertos a los esfuerzos de ventas y comercialización de los competidores y son más propensos a comprar en función del precio, en lugar del valor. Las personas que no están del todo satisfechas son personas que pueden ser influenciadas por tus competidores que son capaces de vender sobre la base del valor. Estas son las personas que pueden cambiar los porcentajes de participación de mercado cuando mudan su lealtad a los productos o servicios que prometen superar sus expectativas a través de un *valor mayor*.

> *"Todos nosotros debemos esforzarnos por exceder las expectativas, y esto es realmente posible sólo cuando se hacen las cosas con absoluta claridad."*

Cuando compramos algo que excede nuestras expectativas, nos *volvemos* locos por nuestra buena fortuna. No podemos creer haber *"obtenido tanto"* por lo que se pagó. Lo que obtuvimos pudo ser una combinación de la calidad del producto, servicio al cliente, el efecto que el producto tuvo en nuestras vidas, o cualquier otra cosa que nos haya hecho felices respecto al dinero que pagamos. Cuando nuestras expectativas se ven excedidas, nos convertimos en publicidad andante y en testimonios del producto o servicio. Cada vez que vemos a un amigo cercano tener una necesidad similar, le hablamos de lo que obtuvimos con lo que pagamos. Somos grandes fanáticos hasta tal punto, y un gran fanático no puede ser tentado ni atraído hacia los competidores. Este es el tipo de cliente que conduce al crecimiento y a los buenos resultados de cualquier negocio.

Todos debemos concentrarnos en exceder las expectativas, y esto es realmente posible sólo cuando hacemos las cosas con absoluta claridad. Es simultáneamente una meta para perseguir y una señal de que estamos haciendo las cosas bien.

Valor en la Acción: Apostando a lo Verde: Un Caso de Estudio

Las industrias inteligentes y las empresas identifican las necesidades palpables de sus audiencias objetivo, basándose no solo en conjeturas o metas de los accionistas, sino en la información obtenida de grupos de discusión y en la retroalimentación de los consumidores. Entre las industrias más innovadoras y flexibles está la industria automotriz estadounidense, la cual continuamente rediseña su oferta. El primer auto de Henry Ford, el famoso Modelo T, se introdujo a un precio favorablemente bajo, lo cual agradó a la apretada economía de ese tiempo, y era fácil de aprender a conducir, lo cual fue un factor importante, ya que todo el concepto de la propiedad de automóviles era nuevo para las masas. A medida que el éxito del Modelo T se disparó (las ventas superaron 250,000 en 1914) se hicieron innovaciones, tales como la reducción del precio y el ofrecimiento de otros colores más allá del negro básico, y la producción final del coche fue de 15,007,034 en 1927.

Desde entonces, los fabricantes de automóviles han sabido escuchar las necesidades palpables de los conductores. A partir de las primeras innovaciones de la adición de parabrisas y guanteras hasta ajustes posteriores hechos para complacer a los consumidores femeninos (por ejemplo, La Femme, de Chrysler, comercializado a mediados de la década de 1950, era un vehículo de color rosa que incluía una "bolso con correa hecha de suave cuero rosa… equipado con un estuche de maquillaje, encendedor, labial y una cigarrera"), los ingenieros de hoy se centran en gran medida en la eficiencia energética y la capacidad de operar un vehículo usando combustibles alternativos, intentando crear el "coche verde" ideal.

Tan sólo los Estados Unidos consume el 25 por ciento del petróleo del mundo, y solo tiene un 3 por ciento de las reservas de petróleo conocidas en el mundo. Por lo tanto, los costos dependen de fuentes extranjeras de combustible y son cada día mayores. Más allá de la necesidad básica y obvia de crear un coche que no dependa de combustibles a base de petróleo son las necesidades palpables de los consumidores que desean impactar menos el medio ambiente y seguir el popular (y hacer una presión colectiva) movimiento verde, y reducir su total de gastos en combustible. El cumplimiento de esas necesidades palpables proporcionará un enorme valor a los conductores de la actualidad.

A pesar de que un automóvil impulsado por algo diferente a la gasolina parezca una nueva idea, no lo es. El vapor fue originalmente el combustible por elección de los "carruajes de motor" hasta que aparecieron los autos eléctricos a mediados de 1800. Incluso Ford hizo un cupé eléctrico, pero cuando Ford hizo sus autos más accesibles y económicos, la alternativa de los autos eléctricos fue eliminada rápidamente. En los años 30, Citroën fue pionero en los autos de pasajeros alimentados con diésel, una idea que otros fabricantes intentaron implementar con mediano éxito hasta la actualidad.

La crisis del petróleo de 1973 condujo a un renovado interés en los combustibles alternativos. Para hacer frente a las necesidades palpables de los consumidores, los fabricantes intentaron implementar nuevamente los coches eléctricos, pero no fue hasta la década de 1980 y 1990 que crearon el concepto "coche verde" y que este realmente comenzó a florecer. El desarrollo subsecuente incluyó autos que funcionaban con celdas solares, baterías y electricidad, y hoy en día están disponibles los autos que funcionan con alternativas de gasolina y son completamente una parte de la corriente principal de conducción.

Los consumidores de hoy pueden (y lo hacen) elegir entre una variedad de híbridos a precios razonables (automóviles que usan una cantidad mínima de gasolina y que están respaldado por un sistema de almacenamiento de energía recargable). En mayo del 2008, "Las ventas reportadas en EE. UU de autos híbridos se elevaron en un 46% a 39,898 unidades a partir de abril de 2007. Las ventas del Prius de Toyota aumentaron un 67% a 21,757 unidades. Toyota ha vendido más de 680,000 Prius en total en los EE.UU. (más de 514,000 a partir de 2004), y es probable que rompa la marca de 700,000 unidades el mes que viene"[1].

[1].www.greencarcongress.com/2008/05/reported-us-sal.html#more

El verdadero éxito depende de ser ágiles encarando el cambio y, a veces, incluso buscando maneras de cambiar lo que está continuamente delante de la curva. Solicitar y escuchar las necesidades palpables de la gente importante para tu éxito ya sea personal o profesional, es una gran manera de determinar qué y cuándo hay que cambiar.

Claridad: Empujándote Hacia Adelante

| Qué + Por qué | =Claridad |
| Propósito + Valor | |

Ahora que entendemos las variables de la Ecuación de la Claridad, es hora de dar vuelta a la claridad en sí. El contraste entre tener claridad y no tener claridad llama es impresionante, y el efecto en alcanzar su visión (personal o profesional) será dramático. A veces pensamos que tenemos claridad cuando en realidad no la hemos considerado inicialmente en absoluto. No nos hemos preguntado a nosotros mismos, *"¿Qué es lo que realmente quiero y por qué lo quiero?"* No tener claridad desde el inicio causará enormes impactos a medida que avances en el intento de alcanzar tus metas y hacer realidad tu visión.

Muchas personas comienzan su camino hacia sus metas sin tener claridad, ya sea que crean que tienen claridad cuando no lo hacen o ni siquiera piensan en ella en absoluto. Durante las últimas dos décadas, muchos de mis clientes han sentido que ellos entendían claramente lo que querían y hacia donde tenían que ir, cuando lo cierto era que la comprensión de su visión era confusa. Carecían de la claridad real y me pidieron que les ayudara a definir lo que querían perseguir y por qué querían perseguirlo.

Para una empresa, la falta de claridad puede tener sutiles pero graves repercusiones. Se detendría la energía organizacional y el impulso hacia adelante. Los líderes y los equipos procrastinarían las cosas, y se sentirían frustrados. En lo personal, no tener claridad tendría efectos similares a alentar el progreso y llevaría la visión cada vez más y más lejos de hacerse realidad.

Cuando trabajo con personas que carecen de claridad, les facilito algunos ejercicios de abrir los ojos (que se discuten en detalle en el Apéndice A) que eliminan las impurezas de la visión en conjunto y ayudan a consolidar el "por qué". Esto comienza a desarrollar claridad, y pronto comienzan a ocurrir sorprendentes cambios al por mayor. En las experiencias de mis clientes, la procrastinación se esfumó. La energía organizacional fue ampliada y rejuvenecida. La acción se convirtió en la consigna, el timón de la concentración, y lo mejor de todo es que mis clientes comenzaron a exceder las expectativas consistentemente, tanto las propias como las de otros. Eso en sí puede ser el sello distintivo más importante de trabajar con verdadera claridad.

Táctica Contra el Pensamiento Estratégico

La cantidad de dinero gastado en la mejora y entrenamiento cada año es inmensa. El objetivo de la inversión es adquirir habilidades específicas que mejoren los resultados. La mayoría de las ofertas de mejora son acerca de cómo hacer mejor ciertas cosas específicas con el fin de ser más eficaces. En el entrenamiento de ventas, esto podría involucrar aprender a escribir un discurso de llamada más poderoso o superar las objeciones. Para un administrador, las habilidades tácticas podrían implicar aprender a mejorar la dirección de las juntas o servir como un mentor. En lo personal, podríamos tomar clases para cocinar comidas saludables o para ejecutar un mejor manejo de las finanzas del hogar. Estas son todas las maneras de ser tácticamente más eficaces.

A lo largo de mi carrera, sin embargo, he aprendido que la más óptima mejora de un objetivo es para hacer que la gente se vuelva *estratégicamente* más efectiva. Esto significa la adquisición de nuevas formas de pensamiento, no sólo nuevas formas de hacer las cosas, y específicamente, para los propósitos de la Aceleración Estratégica, me refiero a nuevas formas de pensar respecto a la claridad.

Un cambio de enfoque de la táctica a la estrategia es un cambio de mentalidad que ha alcanzado efectos y beneficios en vez de un alcance "único" a corto plazo. Por ejemplo, en vez de escribir un mejor dialogo, un representante de ventas puede aprender a poner su mente en la de su cliente y construir así una buena relación. Un gerente se convertiría en un líder seguro de sí mismo y también un mentor. Un padre proporcionaría un estilo de vida de administración financiera inteligente y de opciones saludables. Se trata de cambios al por mayor en la filosofía y en las prioridades. Se trata de tener claridad en el qué y en el por qué.

Consecuencias de no tener Claridad

Mi naturaleza es ser un motivador positivo, por lo que no quiero profundizar demasiado en lo negativo. Sin embargo, todos hemos experimentado contratiempos en algún momento de nuestras vidas, y es una realidad que debe ser considerada. Hay un montón de razones que se dan tradicionalmente para no alcanzar nuestras metas, pero muchas de ellas son sólo síntomas de una profunda causa fundamental: la falta de claridad. Aquí hay tres síntomas de una claridad pobre:

1. **Las personas no creen que pueden hacer lo que tienen que hacer:** Por ejemplo, cuando los equipos deportivos entran en un juego de campeonato, un equipo que no cree que puede ganar no va a ganar. De la misma manera, las personas deben creer que pueden ejecutar una visión, o no serán capaces de hacerlo. Cuando no se cree que se puede hacer lo que se tiene que hacer, significa que no crees en ti mismo o en tu visión. Esto significa que *no hay en ti claridad respecto a lo que realmente quieres.*

2. **La gente usa la planificación para evitar dar paso a la acción:** La preparación y la planificación son importantes, pero la preparación excesiva no es otra cosa que procrastinación. Es sólo cuando comienzas a hacer lo que se tiene que hacer que puedes comenzar a producir resultados. Si tú procrastinas las cosas, suele significar a menudo que le tienes miedo al fracaso y que no confías en tu habilidad de tener éxito. La claridad destruye la procrastinación porque la acción que debes tomar es claramente evidente. Te hace ir hacia delante y elimina la necesidad de ser forzado a hacer las cosas. *La procrastinación es el síntoma primario de la necesidad de forzar o ser forzado.*

3. **La gente renuncia o se dan por vencidos frente a la adversidad o dificultad:** Siempre es fácil renunciar, y muchas personas prefie-

ren renunciar a la incomodidad que experimentan cuando las cosas se ponen difíciles. La razón es simple: La adversidad es dolorosa. Por ejemplo, las empresas que carecen de perseverancia para ser competitivas en una economía en rápido cambio tendrán graves problemas. *Renunciar en medio de la adversidad, significa ser mentalmente deficiente respecto a lo que se necesita para perseverar y superar las cosas.* La claridad es el ingrediente que falta.

Todas estas tres razones de fracaso son el resultado de una actitud mental que sufre de una falta de claridad. Por ello, la única cosa más importante que puedes hacer para asegurar tu victoria contra el fracaso es lograr tener claridad.

"Una meta establecida adecuadamente
se alcanza a medio camino."
—Zig Ziglar

El Pensamiento del "Hubiera…"

Cuando un plan o estrategia va amargamente y los resultados son menos de lo esperado, los planificadores de pronto se encuentran tratando de explicar cómo sucedió. Lo que generalmente sigue son prolongados episodios de lo que yo llamo pensamiento del "hubiera". *"Si yo hubiera sabido esto, entonces podría haber… / debí haber… / hubiera hecho eso.".* El pensamiento del "hubiera" es el resultado directo de claridad pobre. Tener claridad durante cualquier proceso de planificación reduce significativamente la incidencia del pensamiento del "hubiera" porque es más probable que el plan sea ejecutado con éxito. Por lo tanto, si la claridad es la solución, tienes que preguntarte si hay una manera objetiva de saber que la tienes. Afortunadamente, la respuesta es sí, y es una condición verificable.

Muchas personas creen que tienen claridad cuando han producido metas y han tomado las medidas de acción necesarias. Estas herramientas son importantes, pero están más directamente relacionadas con tu habilidad de concentrarte y mantener ese enfoque en las cosas principales. Debes conocer dos puntos para producir claridad:

1. Dónde quieres estar cuando tu visión se convierta en una realidad
2. Un entendimiento objetivo de las condiciones actuales

Estos dos puntos deben describirse con palabras que puedan entenderse fácilmente, y deben ser envueltos con la comprensión del "por qué". Debes entender por qué quieres ir a dónde quieres ir, y debes entender por qué estás donde que estás hoy. El Ejercicio 7 en el Apéndice A te guiará a través de un análisis de tus actuales fortalezas y debilidades, las oportunidades y las amenazas. Esto te ayudará a aclarar el "por qué" de las cosas y a ampliar tu comprensión del propósito y el valor de tu visión con mayor plenitud. A partir de ahí, en el ejercicio 8, podrás documentar el propósito y valor, y comenzar a construir tu ecuación de claridad personal.

El Efecto Práctico de la Claridad

Una de las grandes alegrías de mi propio trabajo es ver el poder transformador de la claridad en la vida y los negocios de mis clientes y la rapidez con que esta sucede. Uno de mis clientes más recientes fue la empresa canadiense Libertas Holdings, una firma de inversión diversificada de bienes raíces que se encarga de las inversiones, adquisición de activos, corretaje y administración de propiedades. Los dos directores de Libertas son Tyler Uzelman y Keenan Tameling. Pedí a Tyler y Keenan compartir su experiencia sobre el efecto que tuvo la claridad en su negocio. Ellos me proporcionaron la siguiente información para ayudarte a ver el efecto práctico de la claridad y lo que ésta les ha impulsado a ser y hacer.

> Fuimos referidos originalmente con Tony por un amigo y socio de negocios al que conocía desde hace varios años. Él nos dijo que Tony podría ayudarnos a llevar nuestro negocio hacia un nuevo nivel. En ese momento pensamos de hecho que teníamos muy clara la dirección que estábamos tomando y estábamos un poco escépticos respecto a que un tercero pudiera ayudarnos. Sin embargo, confiamos en nuestro amigo y nos comprometimos con la ayuda de Tony. Volamos desde nuestras oficinas en Canadá hasta el Estudio de Aceleración Estratégica de Tony en Dallas. Aunque estuvimos ahí sólo un día, la experiencia transformó literalmente nuestro negocio, ¡y como resultado sucedió que elevamos

nuestra claridad y enfoque!

Tener más claro nuestro propósito (el por qué resulta importante nuestra visión), nuestro valor (por qué el éxito de nuestra visión es importante y beneficiará a los demás), y los detalles de lo que necesitamos hacer (acciones y tareas necesarias para llegar a nuestro éxito), ha cambiado rápidamente la forma en la que hacemos todo. Antes de trabajar con Tony, teníamos una visión más enfocada en el futuro que en lo que podíamos ver realmente. Nos estábamos enfocando en un crecimiento financiero de la empresa a largo plazo en base al valor neto y de las adquisiciones de acciones. La claridad que obtuvimos, de cualquier forma, se centraba en la necesidad de construir capacidades de generación de efectivo del negocio mediante una apropiada división en la administración. En esencia, cambiamos nuestro enfoque a corto plazo a un resultado a largo plazo ¡en gran parte hacia nuestro deleite financiero!

Comparamos el proceso de claridad que Tony nos dio con el ir a un optometrista para obtener un nuevo par de lentes. La primera vez que miras a través de la máquina del examen de la vista en la tabla de letras en la pared, las imágenes son muy difusas. Entonces, el optometrista comienza a probar diferentes lentes para cada ojo. Cada lente muestra la carta con más claridad. Con el tiempo, la imagen es tan clara, que se puede leer la letra pequeña en la parte inferior del gráfico. Eso es lo que el proceso de claridad resultó ser para nosotros. Pensamos que podíamos ver muy claramente, pero estábamos realmente viendo sólo las letras más grandes de la parte superior de la tabla. Ahora realmente podemos ver las letras pequeñas.

Uno de los más sorprendentes efectos de claridad ha sido la eliminación del estrés en nosotros mismos, y en nuestro equipo. Ahora entendemos el por qué y el cómo de todo lo que hacemos, y es poco lo que se ignora. Este nivel de claridad ha eliminado la sensación de incertidumbre sobre el futuro y nos confiere enormes niveles de confianza acerca de lo que estamos haciendo. El concepto de Tony acerca de que la claridad te atrae hacia tu visión y que así ya no te sientes presionado, es completamente preciso, y eso es exactamente lo que hemos experimentado. Cuando se tiene claridad en lo que hemos aprendido a través de la Aceleración Estratégica, las cosas se vuelven mucho más simples. No tienes que ser la persona más inteligente ni la que más trabaja en el mundo para ser un gran éxito. El camino está justo ante de ti y tú sólo lo sigues. Todo lo que tienes que hacer es dar los pasos que la claridad ilumina para ti.

El efecto de claridad en nuestro equipo ha sido increíble. Ya no somos la misma empresa que un día fuimos. Nuestras reuniones se han vuelto completamente diferentes. Solíamos reunirnos para hablar acerca de dónde estaba todo el mundo y lo que estaban haciendo. Ahora llegamos juntos de una manera proactiva y hablamos de oportunidades. Es como si estuviéramos más allá de la curva del poder y no tras ella. Estamos siendo llevados hacia delante y no presionados a hacerlo. Somos proactivos, no reactivos. Todos saben qué es lo que tienen que hacer. Pasamos nuestro tiempo hablando de hacia dónde vamos, en vez de hablar de hacia dónde debimos haber ido.

Otro cambio que hubo es que ahora nos preguntamos los "por qué" de todo lo que sucede. Si no tiene propósito, valor y relevancia, no es una prioridad. La claridad también ha tenido un gran impacto en nuestra visión para el negocio. Ya no nos vemos a nosotros mismos como una empresa que aporta un nicho geográfico específico en Canadá. Nos vemos como una empresa nacional. Podemos hacer lo que hacemos en todas partes. Nuestros ingresos se duplicarán fácilmente en los próximos 18 meses y tal vez más de lo esperado. Duplicar los ingresos es una estimación conservadora. Si se cuadruplican, no nos sorprenderá, basándonos en lo que está sucediendo en este momento. Sabemos que esto es el resultado de la nueva claridad y enfoque que tenemos hacia todo.

El propósito y el valor de todo lo que hacemos es conocido por toda la compañía, y ha producido el alto nivel de claridad que tenemos ahora. Somos una organización más confiada. Somos muy buenos en lo que hacemos y, francamente, no creo que tengamos mucha competencia

¿No es esta una poderosa ilustración del práctico efecto que la claridad puede tener en una organización? Puedes ver por los comentarios de Keenan y de Tyler que la comprensión del propósito y valor son los ingredientes claves que les permitieron "ver con los lentes de la claridad" y desarrollar la capacidad de leer las letras pequeñas de su futuro. Ellos fueron capaces de compartir esta transformación en pocas semanas de su experiencia de obtención de claridad en Dallas.

Para ti, esto significa que tú necesitas definir tu visión y por qué es que la quieres, así como su propósito y valor. Esto se puede lograr considerando las siguientes preguntas:

1. ¿Qué es lo que realmente quieres ya sea personal o profesionalmente? ("Qué")
2. ¿Por qué lo quieres? ("Por qué)
3. ¿Por qué tu visión es importante para ti? ("Propósito")

4. ¿Por qué tu éxito es importante para los demás? ("Valor")

La definición de lo anterior te permitirá construir tu propia Ecuación de Claridad, lo cual es otro paso crucial hacia la realización de tu visión.

Claridad y Rendimiento

La Claridad en realidad ofrece un tipo específico de poder cuya ausencia es dolorosa, porque se manifiesta en la actuación humana. En cualquier esfuerzo, ciertas cualidades humanas intangibles deben conducir el mismo. La gente tiene que creer en lo que está haciendo. Deben estar *comprometidos con el logro*. Tiene que haber una cierta cantidad de *fuerza mental y resistencia* para perseverar a través de las dificultades y los bloqueos. Una cierta cantidad de *emoción* nunca le hace daño a nadie. La verdadera claridad como yo la defino contribuye a la creación de todas estas cualidades, y con estas cualidades viene el poder, el poder para producir resultados.

La energía producida cuando se logra la claridad crea efectos reales dentro de una empresa u organización. Los efectos son siempre positivos. El primer efecto es un aumento en la energía de la organización. La gente sabe qué hacer, y están motivados a la acción. Cuando se entiende el "por qué" de las cosas (propósito y valor) ¡la combinación produce un nivel de claridad de suficiente influencia para convertirse en una motivación! Se convierte en el combustible del cambio voluntario y te permite ser empujado hacia tu visión en vez de ser forzado a hacerlo. Se produce un comportamiento que es exactamente lo contrario a la rebelión pasiva, y se convierte en una afirmación positiva que te lleva a *actitudes proactivas* y a *cambios voluntarios.*

Resumen

La claridad tiene el poder de llevarte a tu visión, en lugar de tener que ser forzado a ir hacia ella. Para tener claridad respecto a tu visión, es preciso averiguar dónde quieres estar y dónde te encuentras ahora. También es necesario entender por qué tienes que proceder a ir tras tu visión, y ello radica en el propósito y valor. El propósito de tu visión se descubre cuando se sabe por qué es importante para ti y para los demás, y el valor se encuentra en las necesidades palpables que quieres conocer. Estos son los elementos de la claridad. ¿Los tienes?

La siguiente sección del libro discute la concentración, el segundo componente de la Aceleración Estratégica. En el siguiente capítulo vas a desarrollar la habilidad de identificar y concentrarte en lo que realmente importa para el éxito de tu visión, lo cual sea tal vez el mayor catalizador para el cambio y el éxito que puedo enseñarte-

Puntos muy Importantes

- Muchas personas creen que tienen claridad cuando ellos han producido metas y han trabajado en las medidas de acción necesarias. Estas herramientas son importantes, pero están más directamente relacionadas con tu habilidad de concentrarte y mantener ese enfoque en las cosas primordiales. Debes conocer dos puntos para producir la claridad:

    1. Dónde quieres estar cuando tu visión se convierta en una realidad

    2. Un entendimiento objetivo de tus condiciones actuales

- Una visión sin un propósito específico puede ser percibida como un capricho, y es difícil conseguir que la gente apoye una visión de esa manera, ya que puede ser difícil de creer. Para conseguir realmente claridad, la visión y el propósito deben ser vinculados y expresados. Cuando esto ocurre, el cambio voluntario puede ocurrir muy rápidamente.

- La definición básica de la claridad es: tener una vista sin restricciones de tu visión, de qué es lo que quieres y por qué lo quieres, alimentada de una comprensión de tu propósito y valor. Cuando la gente entiende el "por qué" de las cosas (propósito y valor), esta combinación produce un nivel de claridad que tiene suficiente influencia para convertirse en una motivación. Se convierte en el combustible del cambio voluntario y te permite ser empujado hacia tu visión en vez de ser forzado a ir hacia ella.

CAPÍTULO 4

La Concentración es lo Contrario a la Distracción

El éxito gira en torno a tener la habilidad
de concentrarte en hacer las cosas
que realmente importan y deshacerte
de las que no.

En los capítulos del 1 al 3 se describe la importancia de desarrollar la claridad respecto a tu visión, así como la comprensión del "por qué" tras ella. Una visión clara y auténtica da paso a cambios en el comportamiento y te prepara para el éxito. Obtener claridad en tu visión, sin embargo, es sólo el primer paso en el proceso de la Aceleración Estratégica. El segundo paso, la concentración, es el tema de los capítulos 4 y 5, que te enseñará cómo desarrollar mejor esta importante habilidad. Una vez que tengas la capacidad de concentrarte en tu visión (y todas las estrategias, tácticas y acciones necesarias para tu éxito), estarás listo para el último paso, la ejecución, o actuar y lograr ejecutar tu visión.

En este capítulo se muestra cómo identificar y concentrarte en lo que realmente importa para el éxito de tu visión, e ignorar las distracciones que dificultan tu progreso. El éxito realmente depende de tu habilidad de acabar con el desorden, ahogar el ruido, y centrarte en las actividades de alto apalancamiento que son la columna vertebral de la realización de tu visión.

> *"Aprender a decir "no" a lo bueno para poder decir "sí" a lo mejor."*
> —John C. Maxwell

¿Alguna vez has asistido a un partido de basquetbol de la NBA? En los últimos minutos de los partidos cerrados, el equipo que está detrás suele recurrir a la estrategia de cometer faltas intencionales hacia el otro equipo. Cuando un jugador recibe una falta, el reloj de juego se detiene para permitir al jugador que recibió la falta intentar encestar uno o más tiros libres. Lo que el lanzador de tiros libres ve es la canasta contra un telón de fondo de varios miles de aficionados locos frenéticos agitando toallas, borlas, pompones, o cualquier otra cosa que han sido capaces de llevar a la arena para distraer al tirador de hacer el tiro libre. Los aficionados gritan, aúllan, elevan sus bocinas de aire, y hacen todo lo posible para quebrantar la concentración del tirador. Para tener éxito, el tirador tiene que bloquear todo esto de su mente y concentrarse en la canasta.

Los jugadores más concentrados en la NBA son capaces de lograr el 90 por ciento de los tiros libres. Los jugadores menos concentrados logran menos de un 50 por ciento de intentos. El punto de esta ilustración es que tienes que mantener la concentración en la meta de ser exitoso, y ello requiere de una forma de mantenerte concentrado en medio de las distracciones.

Aprender a Concentrarse

La concentración no es algo que posee naturalmente la mayoría de la gente, y es por eso que es una habilidad que debe ser aprendida, pulida, y practicada. En concreto, la concentración es una técnica de pensamiento que se adquiere como resultado de la disciplina mental. Para desarrollar la disciplina en relación con la concentración, hay que tratarla de la misma forma en la que tú adquirirías cualquier habilidad. Si recuerdas la discusión de la Escalera de Efectividad presentada en el Capítulo 1, se entiende mejor el proceso que debes seguir para adquirir habilidades de concentración:

- Tomar conciencia de la necesidad de mejorar tus habilidades de concentración
- Aclarar la necesidad y tomar una decisión consciente de invertir tiempo y energía en la mejora de tus habilidades
- Concentrarte en la necesidad y practicar y entrenar a tu mente para concentrarse
- Ejecutar la solución implementando nuevas habilidades y hacerlas una rutina de segunda naturaleza

Este capítulo utiliza la Escalera de la Efectividad como un patrón para explicar cómo puedes mejorar esta habilidad vital y estratégica y ayudar a otros a hacer lo mismo.

Peldaño #1: Sé Consciente de la Necesidad de Concentración

Jon, un ingeniero mecánico educado e inteligente que asiste a mi iglesia, es una estrella en ascenso en la industria del petróleo y el gas. Se le considera un experto en el diseño de intercambiadores de calor, que son piezas muy caras, hechas a la medida de equipos de proceso que permiten la transferencia eficiente de calor y energía entre dos fluidos separados. El diseño de estos artilugios es un proceso complejo que implica, entre otras muchas tareas, determinar las necesidades obtenidas de varias fuentes; examinar y analizar las propiedades de los fluidos implicados; decidir qué diseño es el más apropiado para el sitio y el presupuesto; trabajar con los vendedores y proveedores para reunir maquinaria y materiales, y refinar el diseño para garantizar su eficiencia, el funcionamiento correcto y la entrega oportuna.

En efecto, él filtra a través de probablemente cuatrocientas piezas de información a partir de fuentes internas y externas para construir una máquina que, de ser mal diseñada o mal construida, podría causar un tremendo impacto financiero negativo. Este es un proceso que requiere una concentración aguda y atención a los detalles. Y a pesar de que ha sido entrenado para ejecutar este proceso, y que constantemente produce buenos diseños, me dijo que había encontrado inicialmente el proceso abrumador debido a una incapacidad de concentrarse plenamente.

> *"La concentración no es algo que posee naturalmente la mayoría de la gente, y es por eso que es una habilidad que debe ser aprendida, pulida, y practicada."*

Mientras él pensaba a cada minuto en los detalles para el diseño de esta maquinaria, Jon fue constantemente acosado por sus colegas, su línea telefónica, su teléfono celular, tonos de mensajería instantánea, notificaciones de correo electrónico, entregas de paquetes, mensajes de texto, conversaciones ajenas en el pasillo o en las oficinas adyacentes, y cualquier otra distracción común en todos nuestros días de trabajo. Cuando por fin encontró un momento de tranquilidad para pensar en las complejas especificaciones de sus diseños o para revisar las ofertas de los vendedores, su gerente quiso ponerse a hablar de su vida personal; su esposa le enviaba mensajes instantáneos para debatir sobre la cena y esperaba recibir siete correos electrónicos "urgentes".

A pesar de reconocer plenamente su visión y prioridades (diseñar un intercambiador de calor de forma rápida y propia), no fue capaz de hacerlo de manera eficiente debido a las interrupciones y distracciones que no eran en absoluto importantes para su visión. Sin concentración, no podía hacer bien su trabajo, y ello incidiría en su trayectoria profesional, sus ganancias financieras, y en su satisfacción general. Necesitaba concentrarse y lo sabía.

La determinación de la necesidad de concentrarse inicialmente implica la comprensión de que concentrarse es una habilidad estratégica. También implica comprender qué tan bien o tan mal logras concentrarte actualmente. Esto significa que la realización de un inventario de lo que actualmente crees (tu ventana de creencias, se describe en detalle en el capítulo 2) respecto a tu habilidad de concentración. Para ayudarle a entender mejor la naturaleza estratégica de concentración, insté a Jon a plantearse las siguientes preguntas:

- ¿Qué tan bien logras concentrarte durante el día?
- ¿Qué tan bien se concentra tu organización en las prioridades que producen éxito?
- ¿Estás realmente al tanto de cuántos minutos al día pierdes por dis-

traerte?
- ¿Entiendes realmente los amplios beneficios que disfrutarás cuando puedas eliminar las distracciones que tienen un impacto negativo en los resultados que alcanzas?

Tú también debes tener en cuenta estas cuestiones. Llegar al fondo de estos problemas es el primer paso que debes tomar para visualizar la naturaleza estratégica de la concentración.

La mayoría de la gente no ve la concentración como una habilidad estratégica, y la mayoría de la gente en realidad no ha pasado mucho tiempo evaluando qué tan bien logra concentrarse. La concentración es un tema que recibe una gran cantidad de palabras bonitas, pero por lo general no recibe el respeto que se merece. Cuando la concentración no es tratada como una cuestión estratégica, resulta sencillo minimizar su importancia, y pronto pasarás de ella por completo. La mayoría de las personas ven a la concentración como una cuestión de gestión del tiempo o como un reto organizacional. Las soluciones típicas para mejorar la concentración pueden incluir la obtención de un mejor sistema de gestión de tiempo, o hacer algo para organizar mejor el ambiente de trabajo. Estas consideraciones son válidas, pero ese tipo de soluciones no se dirigen al fondo del problema de la concentración, que es la distracción.

La distracción es una ocurrencia natural en la vida de cada persona. Puedes ser la persona más organizada en la Tierra, con un gran sistema de gestión de tiempo, y aun así te distraes de forma rutinaria.

Dado que la distracción es lo contrario a la concentración, tu habilidad de concentrarte está directamente relacionada con lo bien que logras evitar y eliminar consistentemente las distracciones. El problema es que tu mente funciona de una manera que invita naturalmente a la distracción, y eso lo causan las mismas fuerzas que hacen que tu cerebro sea algo increíble. Debido a que tu cerebro funciona como un conector de conceptos, hechos y acontecimientos, es la reunión suprema de los cinco sentidos y absorbe todo lo que experimentan para su procesamiento. En un sentido, el cerebro está en constante búsqueda de entradas de procesos, y tiene un apetito voraz por esa entrada.

> *"Dado que la distracción es lo contrario a la concentración, tu habilidad de concentrarte está directamente relacionada con lo bien que logras evitar y eliminar consistentemente las distracciones."*

La información y la entrada es la materia prima de la creatividad humana, del reconocimiento de oportunidades, y la resolución de problemas. Esa es la buena noticia. Por desgracia, la distracción es el resultado directo de la misma función cerebral. Esa es la mala noticia. Te distraes cada vez que permites que algo entre en tu mente y que te lleve lejos de hacer lo que debes hacer en el momento presente. De hecho, la distracción es el camino de menor resistencia debido a que la actividad más natural para tu mente es retener la información. Por desgracia, esto es todo lo que necesitas para adherirte a las cosas que se pueden eliminar desde ese momento e interrumpir cualquiera que sea la concentración que tenías para la tarea inmediata en cuestión. En otras palabras, la distracción es un resultado natural del pensamiento. Tu capacidad de superar la distracción, y elevar tu habilidad de concentración depende de tu capacidad de aprender a pensar en formas que contrarresten lo que viene con naturalidad.

Uno de los retos de vivir en la era de la información es la extraordinaria cantidad de oportunidades que tienes para distraerte. Las mismas cosas que están destinadas a ser poderosas herramientas para ayudarte a ser más eficaz son también fuentes potenciales de distracción. El Internet, el correo electrónico, los teléfonos celulares, todos ellos introducen intrusiones inesperadas en nuestra mente, y cada intrusión crea la posibilidad de interrumpir tu habilidad de concentrarte en lo que realmente deberías estar haciendo en este momento. La concentración está sobre el establecimiento de prioridades y el mantenimiento de las principales cosas delante de ti. Para hacerlo de manera eficaz, tienes que ser capaz de controlar las influencias de distracción que bombardean la mente. Tu habilidad de hacer eso depende de cómo piensas en el momento presente, porque la concentración se encuentra siempre en el presente.

¿Qué tan bien te concentras? Sólo un objetivo estándar puede medir tu capacidad de concentrarte, y ese estándar implica *la capacidad de completar predeterminadamente los objetivos a tiempo.* Las personas que llegan constantemente tarde a las reuniones, a las citas telefónicas, y que terminan tardíamente proyectos y tareas tienen una deficiencia de concentración. La concentración es también un problema para aquellos que están constantemente detrás de su trabajo y constantemente persiguen el objetivo de cumplir con los tiempos de entrega. No estoy diciendo que nunca vas a experimentar ocasiones en las que tengas más en tu plato de lo que puedes manejar. Estoy hablando de cuando esas condiciones son una forma de vida. Algunas personas siempre están preocupadas y atrás de la curva de poder respecto de hacer las cosas. Esa condición es un sello distintivo de una deficiencia de concentración.

Para ayudarte a determinar qué tan bien te concentras, te reto a mantener un Diario de Concentración durante dos semanas. Es fácil de hacer, pero tendrás que concentrarte en tus actividades reales y ejercitar la disciplina para hacerlo. Todo lo que necesitas hacer es mantener un registro diario de tus actividades. Simplemente escribe tus prioridades para cada día y las cosas específicas que desees terminar día con día. Después, mantén un registro de actividad de todo lo que te sucede a lo largo del día. Sé particularmente consciente de registrar cada distracción experimentada y la cantidad de tiempo que invertiste en cada una de ellas. Si mantienes este registro fielmente durante dos semanas, tendrás una idea clara de lo que está pasando en tu vida cada día en relación a la concentración. Cuando logres verlo, entenderás tu necesidad de mejorar. El Ejercicio 10 del Apéndice B proporciona una plantilla del Diario de Concentración y el ejemplo que te ayudará a dar este importante paso.

Peldaño #2: Clarifica la Necesidad de Mejorar tus Habilidades de Concentración

Jon, nuestro ingeniero de antes, sabía que tenía que concentrarse mejor. Las continuas interrupciones estaban afectando seriamente su habilidad de realizar bien su trabajo, pero también se dio cuenta de que un ambiente de trabajo libre de distracciones era imposible y muy lejano a la realidad. Pensó en los tipos de distracciones que afectaban su capacidad de concentrarse en su proceso de diseño, y bajo mi consejo, mantuvo un

Diario de Concentración de dos semanas. Rápidamente se dio cuenta de que todos los días, se añadían a su paso distracciones aparentemente insignificantes. Pasó probablemente de tres a cuatro horas acumuladas de un día siendo dirigido hacia toda dirección concebible, excepto a la que lo llevaría a la realización de su meta. Mientras revisaba su diario, consideró que algunas de estas interrupciones, probablemente podrían mitigarse, y otras podrían ser eliminadas. Pero, ¿cuáles? Él sabía que tenía que cambiar la forma en que llevaba a cabo su jornada laboral, pero ¿cómo hacerlo? "¡El cambio es difícil", dijo. Y se preguntó cuál vendría siendo la recompensa de su esfuerzo.

A medida que te acerques al segundo peldaño de la Escalera de la Efectividad, comprenderás la necesidad de la concentración. Comprenderás que la concentración se pone en peligro por la distracción y que la concentración es una habilidad que se adquiere. El siguiente paso es aclarar tu necesidad para así poder tomar buenas decisiones respecto a lo que necesitas hacer. Recuerda, es este el peldaño de la escalera en donde te comprometes a mejorar tu habilidad de concentración. No será simple ni estará libre de dolor, y requerirá de una disposición al cambio en ciertas acciones básicas. ¿Recuerdas lo que mencionamos en los Capítulos 1 y 2 respecto al cambio voluntario y la importancia de la disposición? Un compromiso con la mejora de tu habilidad de concentración involucra todos estos principios.

Cuando completas tu diario de concentración de dos semanas, mencionado anteriormente en este capítulo, debes tener una idea clara de lo bien que te concentras actualmente. También serás llevado a tomar una elección retroalimentada con respecto a la mejora de tu compromiso.

Para ayudarte a tomar la decisión de mejorar tu concentración, simplemente regresa mentalmente hacia todo el trabajo que has hecho para lograr tener claridad respecto a lo que realmente quieres. Tener claridad te ayudará a mantener la vista en las prioridades que te llevarán a tus objetivos estratégicos. Por el contrario, sin concentración, tus resultados se verán limitados, y el tiempo que se necesita para lograr los resultados que buscas se ampliará de manera significativa. ¿Cuál es el beneficio de tener claridad respecto a lo que deseas si no estás dispuesto a hacer el trabajo necesario para obtenerla? Recuerda, la Aceleración Estratégica se trata de obtener resultados superiores más rápido. La habilidad para concentrarse es uno de los factores críticos de éxito que te ayudan a hacerlo, porque la concentración tiene el efecto de incrementar el tiempo. No es tampoco que vayas a tener más tiempo en tu día. Cada día tiene veinticuatro horas, y eso no va a cambiar. Sin embargo, la concentración te da el poder de hacer un mejor uso de esas horas, y si puedes aumentar constantemente el cumplimiento de tus logros como resultado de la mejora de tu concentración, el efecto es como la adición de tiempo a tu día.

Por lo tanto, conseguir claridad en tu necesidad de mejorar tu habilidad de concentración implica aceptar que podrías estar permitiendo que las distracciones roben muchos minutos de todos tus días. El Ejercicio 11 en el Apéndice B te ayudará con la siguiente revisión de tu Diario de Concentración y te ayudará a mejorar tus habilidades de concentración.

Cuando completes tu Diario de Concentración, mira cuántos minutos de cada día perdiste debido a las distracciones que irrumpieron en tu mente y te llevaron a actividades no planificadas. En concreto, echa un vistazo más de cerca a las prioridades que has establecido para cada día y las cosas específicas que deseas terminar cada día. Haz una lista de las prioridades y las tareas que no completaste el día en cuestión, y luego somete a cada una de ellas a un par de preguntas difíciles de hacerse a sí mismo:

- ¿Por qué no completé los trabajos que había priorizado para cada día?
- ¿Qué fue lo que paso que me hizo no completarlos?
- Escribe las respuestas específicas a estas preguntas y evalúa esas respuestas como distracciones. Independientemente de lo legítimas que parezcan, si te llevaron a no terminar lo que tenías planeado, fueron una distracción y te llevaron a la pérdida de tu concentración.

Ahora deberías tener suficiente información para tener claridad respecto a tu necesidad de mejorar tu capacidad de concentrarte. Tu Diario de Concentración habrá expuesto tu reto de concentración, y debes ser capaz de tomar una buena decisión con respecto a hacer el compromiso de mejorar tus habilidades de concentración:

- ¿Necesitas mejorar tus habilidades de concentración?

- ¿Logras ver el valor en la mejora de estas habilidades?
- ¿Planeas hacerlo?

Si respondiste que *sí*, estás listo para el Peldaño #3 de la Escalera de Efectividad.

Peldaño #3: Concéntrate En Mejorar Tus Habilidades, Después Practica

Jon se ha comprometido a hacer algunos cambios en su rutina diaria que han ayudado a mejorar su visión. Estaba listo para concentrarse enteramente y para eliminar o hacer a un lado muchas de las distracciones que afectaban su trabajo. Decidió dedicar seis horas diarias a las responsabilidades de su campo de diseño, cediéndose una hora de descanso entre las mismas, y una hora al final del día para dedicar también a sus actividades laborales menos importantes. Durante esas "horas para el diseño", como él las llamaba, cerraba la puerta de su oficina, se apartaba de su correo electrónico y de sus aplicaciones de mensajería instantánea y silenciaba su teléfono celular. De igual manera le hizo saber a sus colegas que el hecho de que su puerta estuviera cerrada, significaba "Favor de no interrumpir a menos que se trate de una verdadera emergencia". Se obligó, día a día, a comenzarlo con una lista de tareas de alta prioridad apegadas a su horario, y a por ningún motivo desviarse de su plan para así tomar el control sobre sus distracciones.

Para mejorar tus habilidades de concentración, es necesario que practiques ¡practiques y practiques! La naturaleza de la práctica sumada a la concentración es mental ya que la *distracción* también es mental. Debes aprender a bloquear mentalmente las distracciones a medida que surjan y a desarrollar la habilidad de pasar a través de ellas para que así te sea posible mantener tu concentración en lo primordial.

Tu Calendario de Concentración será un comienzo, y éste lidiará con tareas diarias más simples, pero no con las actividades estratégicas, de alto apalancamiento que merecen la mayor parte de tu tiempo y atención. No me malentiendas: Las tareas diarias son importantes, y son los pequeños bloques de construcción que eventualmente te llevarán también al éxito, sin embargo, la medida estratégica real de tu concentración la encontrarás en un nivel más alto. El capítulo 5 te enseñará a identificar las actividades específicas de alto apalancamiento que requieren de tu concentración, pero por ahora, lo único que necesitas es comprender el significado de las mismas.

La actividad no es una función que brinde igualdad de oportunidades, ya que algunas actividades tienen un impacto más alto en los resultados que otras.

Por ejemplo, en ventas, contactar y crear citas con clientes nuevos es una actividad de apalancamiento más alto que exponer una presentación en PowerPoint. Ambas actividades son importantes, sin embargo, el incremento en tus ganancias es el resultado directo de haber añadido nuevos clientes, lo cual da aún más sentido al hecho de concentrarnos más en tal actividad. La actividad de alto apalancamiento debiera ser la más importante de las prioridades.

Por ende, gran parte de tu práctica para mejorar tus habilidades de concentración implica identificar las actividades de alto apalancamiento que pueden impactar significativamente a sus resultados y así volverlos tus prioridades de cada día. Volviendo a hacer uso del ejemplo de las ventas, todos los días debe ser reservada una considerable cantidad de tiempo para dedicarla a esta actividad; tu concentración debe mantenerse fija en ello.

Ya sea que tu campo sean las ventas o que seas un ejecutivo o empresario, cuentas con actividades de alto apalancamiento para identificar y concentrarte en ellas. Te sugiero hacer estas actividades una parte importante de tu rutina diaria para así hacer uso de las mismas como parámetro de medición de mejora.

Otra cuestión a poner en práctica es tu manera de ver el tiempo, específicamente las relaciones entre el pasado, el presente y el futuro. La habilidad de concentrarse está siempre en el presente, aunque hay personas que invierten gran parte de su tiempo pensando en el pasado y el futuro, lejos de concentrarse en lo que deberían estar haciendo *ahora*. La Concentración y la Aceleración Estratégica requieren que mantengas tu atención mental y tus acciones en el presente. Suena sencillo, pero se requiere de tiempo y práctica para lograr perfeccionarlas.

No estoy diciendo que todo lo relacionado al pasado y al futuro sea malo o destructivo. Es cierto que es necesario que aprendas de tus errores, los cuales se encuentran en el pasado. El pasado de igual manera contiene la suma total de todas tus experiencias tanto buenas como malas, las cuales contribuyen a tu sabiduría y a tus creencias. Así que no menosprecies tu pasado. El futuro es donde reside tu visión, y cuando hay claridad en ella, el poder para volverla realidad te es concedido. Tu visión también es de ayuda para hacer juicio de los pasos que das en el presente y te ayuda a establecer y mantener las prioridades correctas. Así entonces, el pasado y el futuro son importantes, pero son también un campo de distracción.

> *"Es en el futuro donde reside nuestra visión,*
> *y cuando hay claridad en ella,*
> *el poder para volverla realidad te es concedido."*

Antes de hablar de la específica variedad de distracciones que traen consigo el pasado y el futuro, hay un aspecto muy importante del futuro que precisa ser claramente definido. Al haber claridad en la visión que tienes de tu futuro, es vital mantenerte concentrado en el presente. Esta verdad puede ser ilustrada en un hecho poco conocido acerca de la misión *Apolo 11* (el primer vuelo tripulado a la luna) que recientemente se hizo público. ¡La misión a la luna estuvo fuera de curso durante todo el viaje! El equipo de control de la misión de la NASA tuvo que hacer correcciones para asegurar que el aterrizaje se hiciera una realidad en el momento y lugar correcto. Un científico de la NASA involucrado en las misiones del *Apolo 11* dijo: "El lanzamiento a la luna del *Apolo 11* estuvo fuera de curso el 90% del tiempo. Sin embargo, aún se podía lograr un aterrizaje exitoso porque sabíamos las coordenadas exactas de nuestra meta. Esto nos permitió hacer los ajustes necesarios".

Lo primordial aquí es reconocer que gracias al hecho de que los ingenieros de la NASA supieron hacia dónde iban, el hecho de estar un poco fuera de lugar durante el viaje no importó realmente. Sabían cuál era el destino y se concentraron en ello, y eso les permitió adaptar y cambiar la dirección durante el trayecto para así lograr llegar a sus coordenadas de aterrizaje.

Cuando se trata de tu éxito personal, el hecho de ser capaz de saber cuáles son las coordenadas exactas de tu "lugar de aterrizaje" te da todo lo necesario para realmente llegar a él. Conocer las coordenadas exactas de tu "lugar de aterrizaje" te brinda también los parámetros para concentrarte en lo que realmente importa y mantener la prioridad en ello. Aunque tu visión y la de los ingenieros de la NASA no utilicen el mismo lenguaje, las coordenadas exactas de tu lugar de aterrizaje pueden ser establecidas con toda claridad, porque esa claridad tú ya la tienes. Conoces el "por qué" de tu visión y entiendes su propósito y su valor. Hay claridad en lo que realmente deseas, y dado que hay claridad en tu visión, puedes hacer uso de ella para identificar cualquier influencia distractora y disciplinarte para pasar de ella.

Aunque tanto el pasado como el futuro tienen sus lados positivos, son creadores también de gran parte de los problemas que corrompen tu habilidad de concentrarte en lo importante. Hay ciertos pensamientos relacionados con el pasado y el futuro que no son más que asesinos de prioridades que producen poderosas distracciones mentales que pueden detenerte y matar tus metas durante el camino. Me refiero a los miedos y preocupaciones que tenemos respecto al futuro y al excesivo equipaje del pasado que cargamos cada día. La gente exitosa es capaz de dejar al pasado detrás de ellos, aunque han logrado aprender del mismo. La gente exitosa tampoco escarba del todo en la naturaleza especulativa del futuro; ellos se concentran primeramente en hacer lo que deben hacer en su día a día.

Para volver al ejemplo presentado en este capítulo, cuando un jugador de basquetbol se para ante la línea de tiro libre listo para lanzar su tiro, los pensamientos sobre todos los tiros libres en los que no ha tenido éxito en el pasado generarán en él dudas que afectarán la posibilidad de que lo logre en la actual oportunidad. Los pensamientos del anotador incluirán el miedo a perder, en vez de hacer que de una vez por todas lancé su tiro. Si el jugador comienza a preocuparse por fallar el tiro, su mente se abrirá al miedo de perder el juego. Si pierde el juego, su equipo será eliminado del torneo o de las eliminatorias. Permitirnos tener pensamientos de pérdidas que no han sucedido aún harán que el jugador pierda la concentración en lo primordial y es casi una garantía que ello lo lleve a no encestar.

Puede que no seamos jugadores profesionales de basquetbol, pero es una realidad que todos tenemos que lanzar tiros todos los días. El permitir a nuestras mentes divagar en el pasado y en el futuro es meramente ignorar nuestro deber de concentración necesario para lograr resultados superiores.

El Problema De Concentrase En El Pasado

¿Has conversado con alguien que haya tenido una mala experiencia en el pasado que ha contaminado todo acerca de la manera en la que vive hoy en día? Puede que estas personas hayan sufrido de un matrimonio fallido o de un desastre financiero. Pueden haber tenido una mala experiencia religiosa o haber sido abusados o utilizados por otros. Cada ser humano experimentará problemas en su vida, pero muchas personas no logran ser capaces de seguir adelante después de esos tipos de experiencias. Ellos traen los remordimientos y la ira del pasado a cada momento presente. Someten a sus parejas, hijos, compañeros de trabajo y amigos a un estilo de vida diseñado para prevenir cualquier posible patrón repetitivo de desastres pasados. Si alguien les ha robado algo, no vuelven a confiar jamás en nadie. Si una religión les ha causado decepción, se alejan para siempre de la espiritualidad. Se obsesionan por errores del pasado para justificar lo miserables que son en el presente. Se concentran en protegerse a sí mismos de todo daño. Todo esto provoca la inhabilidad de concentrarse en el ahora y en las prioridades y cosas que son realmente importantes. Comienzan a concentrarse en la auto-protección y en vivir a la defensiva.

Por ejemplo, un buen amigo mío trabaja demasiado con personas que sufren en matrimonios problemáticos. Él dice que los conflictos que se tienen cada día en las relaciones siempre se generan por la misma causa: la pareja es incapaz de vivir junta pacíficamente porque sus mentes son absorbidas por la ira que cargan contra sus pasados y por su aprensión y miedo al futuro.

Estos pensamientos del pasado y del futuro son traídos a colación por ellos hacia la realidad de sus vidas diarias, y no pueden verse el uno al otro como son en el presente. La realidad de sus relaciones es distorsionada, y como resultado podemos ver una casa donde habitan dos desconocidos cada quien con sus versiones de las cosas. Ella tiene su historia, y él tiene la suya. La reconciliación es posible únicamente cuando las historias se vuelven una y comienzan a vivir en la realidad del ahora y a concentrarse en lo que importa.

Las influencias negativas del pasado siembran enojo y llevan a asumir al tanteo, lo cual lleva a crear culpas y a perder la habilidad de ver las cosas como son. La lección aquí es:

*¡Aprende del pasado, pero deja atrás
las culpas y los resentimientos!*

El deseo de culpar crea el pensamiento del "hubiera" que ya hemos discutido en el capítulo 3:

- "*¡Si* tan sólo alguien hubiera actuado distinto, yo no *hubiera* tenido ese problema!"
- "*Si* mi padre hubiera sido más bueno conmigo, yo *hubiera* sido mejor padre con mis propios hijos."
- ¡"*¡Si* mi teléfono dejara de sonar, *hubiera* podido concentrarme mejor!

Presta especial atención cada vez que escuches las palabras "hubiera" venir de ti o de los demás. Estas palabras abren las puertas a todo tipo de cosas que tienen el poder de irrumpir en tu concentración y distraerte de lo realmente significativo e importante. La solución es recordar que el pasado ha acabado y no podrá nunca ser cambiado o revivido. Resulta infructuoso gastar tiempo y energía pensando en lo que pudo ser.

El problema de Concentrarse en el futuro

Para la mayoría, el futuro es un lugar de incertidumbre. No ha sucedido aún. Los intentos de predecir el futuro se basan en suposiciones sobre condiciones futuras; si las suposiciones cambian, tus predicciones del futuro serán incorrectas. El futuro es además capaz de crear miedos irracionales, los cuales abren siempre las puertas a las distracciones mentales. Éstas distracciones mentales son el enemigo de la concentración. Todos conocemos aquello a lo que llaman "soñar despiertos". En aras de hacer algo distinto, nuestras mentes comienzan de pronto a divagar, y nos perdemos en una secuencia de pensamientos que no nos llevan a ningún lugar. Esta condición es usualmente provocada por algún pensamiento o alguna información que estalla en nuestras mentes viniendo de la nada.

Por ejemplo, digamos que te encuentras sentado en casa viendo la TV y llega de pronto un pensamiento a tu mente. Piensas algo así como: "Hmmm, he olvidado terminar aquel reporte que era para ayer". Entonces comienzas a recordar otras ocasiones en el pasado en las cuales demoraste en hacer las cosas y recuerdas haber escuchado a tu jefe decir que los retardos podrían llevarte a cambios laborales. Comienzas a imaginar que cuando llegas a tu trabajo al día siguiente, serás despedido. El desempleo te causará cantidad de problemas. Recién compraste un auto nuevo, y si no continúas trabajando, no podrás cumplir con los pagos del mismo. Puedes ver ya cómo los del banco vendrán por tu auto y se lo llevarán, y te quedarás sin medio de transporte. Sin un auto, no podrás siquiera buscar un nuevo trabajo. Sin un trabajo, no podrás pagar la renta y probablemente seas desalojado ¡y es probable que tu esposa y tus hijos también te dejen!

Todos estos pensamientos fantasiosos partieron de uno solo, y ese mismo te hizo proyectar suposiciones del futuro. Emocionalmente, realmente te sientes desempleado, sin transporte, sin hogar y abandonado. Nada de lo que sientes o crees se basa en algo real, pero ya estás emocionalmente distraído del presente. Este escenario imaginario nos demuestra cómo es que nuestros pensamientos nos llevan a distracciones que destruyen nuestra concentración.

Todos queremos mantener el control en nuestras vidas, pero llegar a ese control es imposible si permitimos dar vuelta atrás o saltar hacia adelante tanto en el pasado como en el futuro. Cuando hacemos eso, nos olvidamos del ahora, el único lugar desde donde podemos hacer algo de real significado. Lo único que podemos controlar en nuestras vidas es lo que hacemos momento a momento, y es justo ese, nuestro punto de partida de concentración:

> *La concentración se halla en la habilidad de hacer a un lado todo lo que no nos gusta del ayer y las cosas que nos preocupan del mañana, y hacer la siguiente tarea correcta que necesitamos hacer hoy.*

Peldaño #4: Ejecuta Tu Solución Y Haz De Ella Una Rutina De Segunda Naturaleza

Jon continuó trabajando apegándose a su horario y reduciendo sus distracciones. Concentrarse en ello en fragmentos de tres horas fue mentalmente manejable para él, especialmente porque pudo darse cuenta de que hacer las cosas de esa manera le otorgaba una "recompensa" en forma de descanso esperándole en el otro lado. Aunque en un inicio tuvo ciertos problemas para disciplinarse lo suficiente como para no revisar de vez en cuando su correo o para ocasionalmente navegar por Internet y buscar los resultados deportivos de su interés, eventualmente adquirió la habilidad gracias al hábito, de mantener toda su energía mental concentrada en sus tareas, haciendo a un lado cualquier oportunidad de interrupción de las mismas, y haciendo las distracciones a un lado, dejándolas para otro momento. Continuó concentrándose en su Calendario de Concentración, haciendo listas diarias de prioridades, y examinándolo de manera crítica al final de cada día para determinar cómo podría refinar su tiempo.

En tan sólo seis semanas, ha logrado concentrarse más, ser más productivo y estar satisfecho con su rendimiento. Ha logrado diseñar de manera exitosa distintos intercambiadores de calor incluso antes de sus fechas de entrega, y es capaz también de tomar responsabilidades de diseño adicionales gracias a sus ahora mejores hábitos de eficiencia. Su jefe está extremadamente contento con su productividad y ha usado a Jon en su compañía como ejemplo a seguir.

El Peldaño #4 en la Escalera de la Efectividad no es del todo un paso de acción, así como está es un punto de llegada. Logras llegar cuando eres capaz de ejecutar tus nuevas habilidades de concentración con poco esfuerzo consciente: tal como fue mencionado en el Capítulo 1, esto ya es para ti algo de segunda naturaleza. Es como entrenar por semanas andar en bicicleta sin rueditas y ya después manejarla sin esfuerzo o sin pensamiento consciente. Cuando eres capaz de ejecutar tu efectividad, es cuando ya te has vuelto una persona concentrada.

Todo lo que puedes controlar sobre tu vida sucede como resultado de tus hábitos, los cuales son los comportamientos que definen tu personalidad, tus relaciones y tu efectividad. La verdad es que tu éxito (o fracasos) son creados por tus hábitos, y para obtener resultados superiores rápidamente, debes continuar adquiriendo nuevos hábitos. Mejorar tus habilidades de concentración no supone cambiar lo ya aprendido. La concentración se ha convertido en un hábito nuevo y excepcional para ti.

Es muy importante que entiendas que la concentración es una habilidad, y una habilidad es el resultado de una acción habitual. Esto lo menciono porque adquirir hábitos nuevos da estabilidad a tu vida y una sensación de paz también. Los hábitos hacen posible el predecir los resultados. La mayoría de nosotros desea tener el control de nuestras vidas y de nuestro futuro, e intentamos cantidad de cosas para lograr tener ese control. Intentamos tener mayor control mediante archivos de sistema, programas avanzados, un mejor teléfono inteligente, y muchas otras cosas. La mayoría de lo anterior mencionado es de ayuda, pero debemos abordar el problema de control desde la perspectiva de crear nuevos hábitos.

En el capítulo 1 hablamos de la importancia estratégica de tu ventana de creencias y de cómo aquellas creencias tuyas toman el control de las acciones que tomas y los resultados que obtienes. Otra forma de entender esto es comprender que tu ventana de creencias es también la base de tus hábitos, lo cual controla todo lo que dices y todo lo que haces. Si resulta cierto decir *"Si continúas haciendo las mismas cosas una y otra vez, obtendrás los mismos resultados"*, entonces los resultados son predecibles. Esta cita es usada usualmente en un sentido negativo hacia los hábitos negativos, pero aplica también para los resultados positivos. Si los resultados son predecibles, tú tienes la habilidad de controlar tu futuro, y un mayor control de tu futuro contribuye a la paz mental y a la felicidad.

Respecto a la concentración, hay cuatro hechos y características estratégicas acerca de tu comportamiento que confirman tu habilidad de ejecutar y concentrarte a un nivel más alto. Demos un vistazo a estas cuatro características enlistadas a continuación:

Cuatro Características Positivas De La Habilidad De Concentración:

1. Menos distracciones:

Empezarás a ser más consciente respecto de tus distracciones en tiempo real, a medida que estas emergen en tu mente y en tu vida. Como resultado, serás menos vulnerable a todo lo que pueda llevarte a actividades de poca importancia. La clave para eliminar las distracciones es la habilidad de reconocerlas. Cuando has alcanzado esta etapa de efectividad, sabrás intuitivamente en qué aspecto se presenta una distracción, como se ve, a qué sabe, cómo se siente ¡y hasta cómo huele! En el momento en que una distracción comience a asomar su horrenda cabeza, serás capaz de reconocerle y hacerla a un lado en tu mente.

2. Más actividades de alto apalancamiento:

Estarás íntimamente consciente de las actividades a las que necesitas asignarles más tiempo y esfuerzo de tu parte. Esta consciencia te ayudará a delegar o ignorar tareas o actividades irrelevantes de mínimo impacto para lograr resultados superiores. Tu selección prioritaria será más efectiva manteniendo tu enfoque en las cosas importantes.

3. Cumplimiento en tiempo

El éxito y los logros requieren habilidad para alcanzar metas predeterminados dentro de marcos de tiempo establecidos, y esta habilidad mejorará tremendamente a medida que tus habilidades de concentración incrementen. Rara vez tendrás problemas completando tareas y proyectos a tiempo. En vez de ello, completarás tus listas de tareas diarios, en vez de tener que cargar con ellas en los subsecuentes días.

4. Productividad Mejorada

Habiendo menos distracciones, lograrás hacer más, ya que habrás logrado usar tu tiempo de manera efectiva. Podrás añadir más minutos extra a cada día. Escribí un libro hace algunos años llamado *Encontrando 100 Minutos Extra al Día*, y puedo garantizar que el nivel de mejoría en este rubro es una posibilidad para cualquier persona. Puedes esperar ese nivel de tiempo extra como resultado de mejorar tus habilidades de concentración. Puedes descargar una copia digital gratuita de este libro desde la sección de recursos gratuitos de www.tonyjeary.com. Encontrar 100 minutos extra cada día laboral da como resultado encontrar 450 horas extra en un año; lo cual es el equivalente a añadir casi tres semanas a cada año, las cuales pueden representar más tiempo para ser productivo y más tiempo para dedicarle a tu familia.

Resumen

No hay habilidad o hábito con mayor poder de impacto en los resultados que la habilidad de eliminar las distracciones y concentrarse en las actividades de alto apalancamiento que nos brinden el mayor potencial para avanzar en nuestras metas y objetivos estratégicos. Cuando tu habilidad para hacerlo se convierta en un hábito, tu vida entera cambiará, y los resultados que logres serán Estratégicamente Acelerados.

Saber qué es lo que debemos reducir o eliminar, es de cualquier forma, sólo una parte del proceso. También debes saber cuáles son las tareas importantes a conservar. Ahora que sabes cómo concentrarte mejor, estás listo para pasar al próximo capítulo, en el cual te explicaré cómo identificar las actividades de alto apalancamiento en las cuales debes concentrarte más.

Puntos Muy Importantes

- La concentración no es una cualidad natural para gran parte de la gente, y es por ello que se trata entonces de una habilidad que debe ser aprendida y puesta en práctica.
- Específicamente, la concentración, es una *habilidad de pensamiento* que es adquirida como resultado de la *disciplina mental.*
- Para desarrollar una disciplina mental ligada a la concentración, debes llevarla a cabo tal como lo harías con cualquier habilidad que desees adquirir:
    1. Haz consciencia de la necesidad de mejorar tus habilidades de concentración.
    2. Clarifica la necesidad y toma una decisión consciente para invertir el tiempo y energía necesarios para mejorar tus habilidades.
    3. Concéntrate en la necesidad, practica y entrena a tu mente para mantenerse concentrada.
    4. Ejecuta la solución implementando tus nuevas habilidades y haciendo de ellas una rutina de segunda naturaleza.

- Cuatro hechos estratégicos y características en tu comportamiento confirman tu habilidad de ejecutar y concentrarte a un nivel más alto:
    1. Menos distracciones
    2. Más actividades de alto apalancamiento
    3. Cumplimiento en tiempo
    4. Productividad incrementada

CAPÍTULO 5

Lograr Concentrarse Y Producir Resultados Reales

*Entender plenamente hacia dónde deseas ir
y dónde es que estás ahora te ayudará
a concentrarte y desarrollar un
Apalancamiento Estratégico.*

El capítulo 4 habló de la importancia de desarrollar la habilidad de concentración en actividades de alto apalancamiento. Cuando eliminas las distracciones y te concentras en las acciones que realmente importan, alcanzarás tus metas más rápidamente y lograrás realizar tu visión. Pero ahora quiero que pienses en la concentración no sólo como algo que *haces*, sino como algo hacia dónde vas. La concentración puede también ser un sitio, y cuando lo encuentras, obtienes aquello a lo que yo llamo un *apalancamiento estratégico*. Un apalancamiento estratégico es producido cuando organizas tus metas y te enfocas en las actividades que producen resultados reales. Este capítulo te mostrará cómo lograr concentrarte y desarrollar un apalancamiento estratégico.

Compara Tu Situación Actual Con Tu Visión A Futuro

Comienzas a descubrir tus actividades de alto apalancamiento una vez comprendiendo que hay dos puntos mentales a tratar:
1. Tu visión de donde deseas estar
2. La realidad de donde estás

Hay una brecha entre estos dos puntos mentales que trae consigo las actividades de alto apalancamiento, o cada estrategia, meta, y paso de acción que necesitas tomar para hacer de tu visión algo real. En esta brecha puedes además encontrar tu enfoque. He aquí un gráfico sencillo que ilustra mi punto:

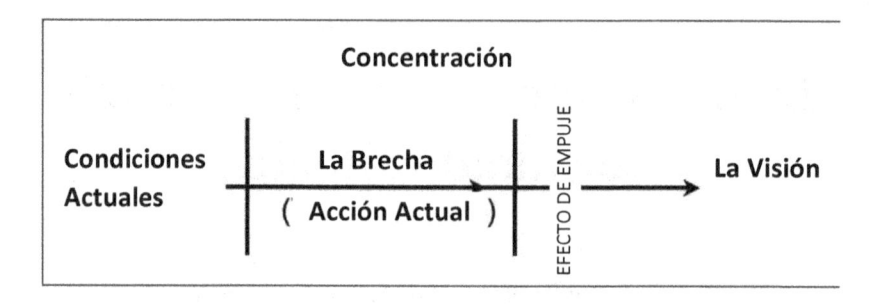

```
                        Concentración

  Condiciones        |                 |
  Actuales           |   La Brecha     |  ───►   La Visión
                     |  ( Acción Actual )           
                                          EFECTO DE EMPUJE
```

■ ■ ■

Tal como fue discutido en todos los capítulos anteriores, la claridad de tu visión genera un efecto de empuje que te da el poder de cruzar la brecha más rápida y efectivamente. Este efecto de empuje es el beneficio más poderoso y significativo del hecho de tener claridad en nuestras mentes, pero el efecto de empuje puede también ser disminuido si no te concentras como se requiere en los detalles más significativos que debes ejecutar cada día.

Volvamos brevemente a la historia que compartí en el capítulo 1 acerca de George Burke, el empresario de Atlanta de aquel exitoso negocio de contratista de pinturas. Podrás recordar que la visión a futuro que tenía George cambió por su creencia de que su tiempo había llegado a su límite. Erróneamente creía que tenía que involucrarse personalmente en una larga lista de responsabilidades tácticas para mantener el éxito en su negocio. Y debido a que las cosas de las que se encargó personalmente consumieron todo su tiempo, creyó que no tenía más opciones respecto a su crecimiento a futuro. Al final encontró la manera de resolver ese tema de la escasez de su tiempo usando el método de duplicarse a sí mismo en otros. Esto lo logró al encontrar y entrenar a gente de su confianza, personas que también venderían y se harían cargo de contratos importantes con el mismo cuidado y atención con las que él lo haría, y esto le dio la oportunidad de lograr tener más tiempo para sí mismo.

> *"Un apalancamiento estratégico es producido cuando organizas tus metas y te enfocas en las actividades que producen resultados reales."*

De cualquier manera, tener tiempo para sí fue tan sólo una parte de su visión a futuro para su crecimiento. George trabajó conmigo y aprendió la metodología de Aceleración Estratégica y comenzó creándose el objetivo de añadir oportunidades de volumen específicos con altos márgenes de ganancia, después identificó las actividades de alto apalancamiento en las cuales pudo apoyarse. Sus actividades de alto apalancamiento incluyeron mejorar su proceso de generación de liderazgo, perseguir más acuerdos contractuales, invertir más en publicidad, y maximizar su base de datos de contactos tanto individual como profesional. Concentró su tiempo y energía en estas actividades, creando un apalancamiento estratégico y así duplicó sus ingresos.

¿Puedes visualizar tu actividad como si fueses un medidor de impacto con una aguja que marca la efectividad de la acción que ejecutas? El lado derecho del medidor de impacto es tu visión. Cuando la acción que ejecutas tiene un impacto directo al acercarse más a tu visión, la aguja indicadora se mueve hacia la derecha, hacia tu visión. Por el contrario, si la acción que ejecutas no produce resultados que te acerquen más a tu visión, la aguja indicadora no se mueve significativamente. Las actividades de alto apalancamiento que producen apalancamiento estratégico mueven siempre la aguja hacia la derecha, y son esas las actividades las que requieren tu concentración.

Cuando comienzas a crear estrategias, metas y dar pasos de acción, necesitas evaluar todo lo que hagas en relación a tu visión. Cuando comprendes eso, la necesidad de claridad se vuelve aún más irresistible. Si no hay claridad en ti respecto a tu visión, no habrá modelo contra el cual puedas evaluar las estrategias, metas y pasos de acción que des, y sin ese tipo de modelo, no tendrás manera de medir de qué manera cualquier acción que tomes moverá la aguja de resultados. He establecido firmemente la necesidad y el valor de la claridad, por lo que no necesito hablar nuevamente de ello. Aun así, es importante comprender la relevancia de la visión para tu habilidad de concentrarte en actividades de alto apalancamiento.

Es de igual importancia la necesidad de tener claridad respecto a las *condiciones actuales*, ya que las *condiciones actuales* establecen la posición de lanzamiento de tu viaje a través de la brecha. Debes de saber dónde estás antes de comenzar a viajar hacia un destino. Esto puede parecer algo obvio, pero demos un vistazo a un ejemplo que nos muestra que no es tan sencillo como suena.

> *"Al final, eres medido no por cuánto emprendas, sino por lo que finalmente logras"*
> -Donald Trump

Digamos que tu esposa y tus hijos te invitan a jugar un juego con ellos. Te dicen solamente que el juego terminará al hacerte una pregunta que no podrás saber responder, aunque, de hecho, deberías. Esto te confunde un poco, pero decides aceptar jugar. Les emociona saber que aceptaste, ríen mientras te atan una venda a los ojos y te dirigen hacia el auto y te colocan en el asiento trasero. Tus "secuestradores" te pasean por un rato, y no tienes idea alguna de hacia dónde te llevan.

De pronto el auto se detiene y te permiten bajar del auto. Cuando tu familia te quita la venda de los ojos, te encuentras en medio de un bosque, y todo lo que puedes ver son árboles. Tus captores entonces te preguntan "¿sabes dónde está nuestra casa?" y piensas, claro que sabes bien dónde está tu casa ¡porque ahí vives! Sales de tu casa cada mañana y vuelves a ella por las noches. Eres claramente capaz de saber dónde está tu casa, y respondes con un "sí ¡yo sé dónde está nuestra casa!". Tienes la total seguridad de que has ganado el juego, porque pudiste resolver su pregunta.

Entonces te piden que les des las indicaciones específicas para llegar a tu casa desde donde te encuentras parado. De pronto te das cuenta de que no puedes responder a esa pregunta porque no sabes dónde estás. La ubicación de tu casa te es tan clara como el cristal en tu mente, pero no puedes explicarles cómo llegar a ella porque no sabes dónde *estás*.

El punto de esta historia es que el hecho de tener claridad en tu visión no puede llevarte a hacer de ella algo real si no sabes dónde estás ahora mismo. Profesionalmente, esto puede significar por ejemplo que desees un ascenso, pero por el hecho de no saber en qué peldaño de tu carrera te encuentras, no sabes cuál es el siguiente paso a dar. La diferencia entre dónde te encuentras hoy y a dónde quieres ir puede ser una necesidad de más responsabilidad, práctica o experiencia, y para dar un paso adelante es necesario que sepas qué necesitas hacer para que te sea dado el ascenso que deseas. Personalmente puede que desees conquistar a una persona, pero hasta no saber en qué punto te encuentras con esa persona (o lo que piense o sienta por ti), no puedes ir tras la meta de acercarte más a ella. Saber el punto actual en que te encuentras te ayudará a cambiar tu situación.

Claridad En Tus Condiciones Actuales

Debes reunir dos categorías de importancia de información para producir claridad en cuanto a tu condición actual: *Aspectos Estratégicos Positivos* y *Aspectos Estratégicos Negativos*. En el ejercicio 12 del Apéndice B encontrarás ayuda para identificar tus aspectos estratégicos positivos y negativos, pero antes demos un vistazo a cada uno a detalle:

Conoce tus aspectos estratégicos positivos

Los Aspectos Estratégicos Positivos son las fortalezas que posees y que crean mayor impacto en tu habilidad para tener éxito. Hay cinco áreas a explorar que te ayudarán a identificar estas fortalezas, descritas en los siguientes párrafos:

1. **Ventaja Competitiva:** Esto consiste en los factores que hacen que tú, tu compañía, tus productos o servicios sean únicos, y determina tu participación en el mercado y tu éxito en general. Es una combinación de los recursos disponibles (intelectuales, humanos, financieros, materiales/físicos, etcétera) y tus capacidades organizacionales, que se fusionan para formar tus competencias distintivas (o las de tu compañía o negocio).

Lo ideal es que estas competencias formen la base para los valores que deseas crear en tu producto o servicio. Ejemplos de estos recursos son:

- Intelectual: Patentes, marcas registradas, conocimiento patentado y procesos únicos.
- Humano: Personal talentoso, gran liderazgo, baja rotación de personal y entrenamiento exhaustivo.
- Financiero: Presencia de la marca, crédito sólido, capital disponible, satisfacción del cliente y una reputación positiva.
- Material/Físico: Ubicación geográfica, estrategias de inventario, calidad del producto y otros aspectos tangibles.

Las capacidades de tu centro de negocios se centran en su habilidad de maximizar su tiempo, desplegar recursos humanos, y comunicar tu mensaje.

Un gran ejemplo de una organización que prospera consistentemente al maximizar sus capacidades es FedEx. Desde 1971, ha sido líder en servicios de entrega en tiempo, con una gran reputación, un gran equipo de trabajo y una ampliamente reconocida serie de logotipos y eslóganes que respaldan su visión.

2. **Historia**: Este factor comprende todo lo que ha producido la fundación de nuestro éxito. Con el tiempo, muchas cosas pueden parecer alejarse de ello. Puede que las condiciones mercantiles cambien y aquello que solías hacer ahora resulte ser anticuado, o puede que los cambios de líderes hayan causado que tu organización perdiera la concentración en aquello que solía hacerla algo único. Es importante estar consciente de estos factores de éxito histórico, y necesitas evaluar entonces su actual relevancia.

Volviendo al ejemplo de FedEx, la habilidad de ser ágiles ha sido la característica distintiva del éxito de la compañía. Fueron los primeros mensajeros que comenzaron a usar computadoras para enrutar sus paquetes en la década de los setentas. Comenzaron a hacer entregas internacionales en los ochentas, brindaron a sus clientes la opción de ellos mismos rastrear sus paquetes en los noventas, y en el 2003 adquirieron Kinko´s. Todos estos avances han incrementado la relevancia de la compañía, las oferta a sus clientes, asegurando un éxito sustancial.

3. **Satisfacción**: Esta comprende de las opiniones e impresiones que tus clientes y empleados tienen de ti, de lo que ofreces y de su valor. La satisfacción de un cliente y la satisfacción de un empleado están directamente relacionadas ya que tus empleados y asociados son también responsables de brindar satisfacción al cliente. Si tus empleados y asociados no comparten y creen en tu producto o servicio, tampoco lo harán tus clientes. Considero que este es uno de los más importantes fundamentos para un crecimiento positivo

Por ejemplo, siendo un orador público, termino cada evento haciendo una encuesta de satisfacción para determinar qué hice bien y en qué puedo mejorar. Como un coach de éxito, termino cada sesión preguntándole a los participantes cuales son las fortalezas y las oportunidades claves con las que nos encontramos mientras avanzamos, y como empleado y mentor, suelo reunirme con mi equipo de trabajo y colegas para asegurarnos de estar en la misma frecuencia, de estar en esto juntos, y de trabajar a favor del éxito y satisfacción mutuo.

4. **Principios estratégicos**: Estos son los que guían a tu negocio, esfuerzos y éxito a largo plazo. Por ejemplo, mi filosofía primordial en mi negocio es siempre ofrecer algo que exceda las expectativas de mis clientes. Otra es completar tareas y proyectos antes de lo previsto, y otra es crear y mantener una marca altamente consistente que refleje el valor de lo que ofrezco a mis clientes. Estos tres principios se traducen en las siguientes acciones:

- Aportar algo de valor dando acceso a mis clientes a todos mis recursos, conexiones, procesos, bibliotecas y más.
- Contratar y asociarme con personas que sean expertas en su campo, lo cual beneficiará a mis clientes.
- Hacer entrega del producto final tan pronto como sea posible.
- Expandir y mejorar mis ofertas continuamente para obtener un impacto cada vez más positivo en las vidas personales y profesionales de mis clientes.

Todos mis principios estratégicos, y ciertamente mi marca en sí, pueden ser resumidos de la siguiente forma: *"Dar valor: Hacer más de lo esperado"*.

Estos son los principios más importantes que han hecho de mi negocio un éxito con el paso de los años.

Uno de mis clientes es fabricante de equipos de construcción y minería. Trabajé con su compañía para respaldar los esfuerzos y competencias del área de recursos humanos en más de veinticinco unidades de negocio, proporcionándoles entrenamiento estratégico y clases de alta especialización, las cuales causaron un efecto dominó en gran parte de los ochenta mil empleados de la misma. El jefe del departamento de Recursos Humanos dijo estas palabras al respecto:

> Gracias por tu compromiso, flexibilidad y pasión por la satisfacción del cliente. Has establecido un nuevo modelo al que ahora otros proveedores de servicio intentan imitar. Nuestra inversión ha valido la pena.

Puedes darte cuenta que estos principios hacen la diferencia entre ganar y perder, y pueden crear el momento crítico en la mente de tus clientes, el cual consecuentemente apunta a tu favor.

5. **Oportunidades estratégicas:** Son estos los caminos que se han abierto y vuelto evidentes al lograr la claridad en tu visión. Estas son elecciones hacia las que debes inclinarte, ya que darán valor a tu producto o servicio: capitaliza tus dones y fortalezas, y mejora el conocimiento de las necesidades de tus clientes.

Usualmente, tomar estos nuevos caminos te llevan a direcciones completamente distintas de las habituales y sus consecuencias son muy favorables.

He aquí un gran ejemplo: en 1927, una joven pareja de casados comenzó a vender hot-dogs y cerveza de raíz en un local llamado The Hot Shoppe en Washington, D.C.; en las siguientes décadas continuaron expandiendo su negocio, abriendo más locales y restaurantes exitosos y ofreciendo servicios alimenticios a grandes organizaciones. En 1957, cuando el sistema americano de carreteras fue abierto y las vacaciones en auto se volvieron un estilo de vida, la pareja decidió tomar ventaja de aquella oportunidad y tomaron una dirección sutilmente distinta.

Construyeron un hotel para motoristas (o motel), y el éxito que los caracterizaba para ese entonces, se ha incrementado gracias a este paso.

¿De quienes hablamos? De J. Willard y Alice Marriott. ¿De qué compañía hablamos? De Marriott International Inc., que en 2007 –ochenta años después de haber vendido su primer hot-dog–, generó más de cincuenta mil reservaciones al día en sus casi tres mil propiedades en sesenta y siete países, y tuvo ingresos de $13 billones. Capitalizar nuestras fortalezas y cambiar nuestra visión conforme cambian las necesidades de nuestros clientes puede de hecho abrir paso a nuevas e increíbles oportunidades.

Conoce Tus Aspectos Estratégicos Negativos

Los Aspectos estratégicos negativos son los factores que contribuyen con gran poder al fracaso o a resultados menos satisfactorios. Hay cuatro áreas a considerar que te ayudarán a identificar estos aspectos negativos descritos en los siguientes párrafos:

1. **Quejas de empleados**: Se trata del factor que históricamente ha impactado en la satisfacción del empleado. Cada organización tiene un historial de quejas frecuentes que vienen desde dentro. Algunas de las quejas cambian con el paso de los años, pero algunas nunca parecen desaparecer. Distintas encuestas a empleados han indicado con el paso del tiempo que la satisfacción de un empleado está directamente ligada a la satisfacción del cliente y viceversa. Los empleados desean sentirse orgullosos de su empleador y desean crear impresiones positivas en los clientes. Por tal razón, muchas de las quejas internas emergen cuando los empleados no sienten que los clientes son bien atendidos. Hay cuatro cuestiones que impactan la satisfacción del empleado, y la compensación monetaria no es una de ellas. Lo que la gente desea de sus empleos y carreras, es en realidad muy simple:

- Un sentido personal de logros
- La capacidad de hacer uso de sus mejores talentos cada día
- Recibir retroalimentación consistente de cómo su trabajo es apreciado por sus líderes
- Oportunidades reales de aprendizaje y desarrollo

Comprender realmente que tan bien son cubiertas estas cuatro necesidades es una parte importante para establecer las actuales condiciones. Si no cuentas con la satisfacción de tus empleados, ello impactará en la satisfacción de tus clientes en cierto punto ¡Crear satisfacción tanto en tus empleados como en tus clientes es una actividad de alto apalancamiento!

Tengo un cliente que está comprometido en trabajar para obtener claridad de visión y en mejorar los niveles de satisfacción de sus empleados. Él aplica a sus empleados encuestas anuales, donde éstos responden de manera anónima, en la cual pueden evaluar aspectos en materia de visión, desempeño, crecimiento, moral, sinergia, dirección y más. Partiendo de ahí, es él anfitrión de las juntas de "reunión general" que facilita la discusión abierta de quejas específicas y urgentes, y de los resultados que guían los modelos de desempeño de su equipo de trabajo. Al profundizar en el problema, es capaz de lograr armonizar la situación, y eso como resultado se vuelve sinónimo de una organización que basa su poder en el conocimiento.

2. **Quejas de los clientes**: Estas exponen las condiciones estratégicas actuales de tu empresa. Nadie disfruta escuchar las quejas de clientes, pese a que estas son una mina de oro de información y contienen una enorme cantidad de datos. Una creencia ampliamente aceptada es el hecho de que cuando un cliente se toma el tiempo de poner una queja, hay muchos otros que tienen la misma queja pero que por el contrario no se toman tiempo en hacerla. Esto nos dice que una queja puede representar la calificación de los clientes.

Si evalúas las quejas hechas por los clientes durante un largo periodo de tiempo, te encontrarás con que algunas de ellas son recurrentes. Con suerte, tu compromiso con tu negocio es tal que no has permitido que estas quejas recurrentes tengan largos periodos de vida. Es importante de cualquier manera que conozcas la verdad acerca de ellas. Tener un montón de quejas consistentes y recurrentes es señal de que cuentas con debilidades estratégicas.

Con el paso de los años he tenido muchos clientes de la industria automotriz, una industria que ha sido moldeada por sus clientes históricamente. Cuando un auto se compra a través de un distribuidor, el cual es una franquicia, el fabricante manda al comprador una encuesta de satisfacción. Con base en los resultados, el fabricante recompensa o corrige al operador de su franquicia y ocasionalmente hace cambios de diseño. Este proceso elimina las debilidades y tanto el servicio al cliente como el producto se equilibran y ayudan al fabricante a mantenerse en competencia.

3. **Opinión de la competencia**: Esto es lo que tus competidores creen que son tus deficiencias estratégicas. Cuando compites con otros negocios para obtener nuevos clientes, debes asegurarte de que tu competencia sepa que lo que ofrece es superior a lo que ofreces tú. Tus competidores se mantienen siempre al tanto de tus debilidades estratégicas para así poder usarlas para su propio beneficio. Debes saber cuáles son los aspectos que ellos consideran que son tus debilidades estratégicas para poder tener una idea de las condiciones actuales en las que te encuentras.

Cuando ayudo a mis clientes a desarrollar sus propias estrategias de éxito, suelo facilitarles una matriz de comparación competitiva. Mi equipo comienza a hacer búsqueda de categorías específicas (dependiendo de la industria) para ayudar a crear un punto de referencia y así comprender mejor a la competencia. Partiendo de ahí, trabajo con los ejecutivos y con los líderes para, aprovechando su experiencia, lograr cruzar cualquier brecha. Realizando este ejercicio aparentemente simple y manteniéndonos actualizados frente a los cambios del mercado ayuda a mantener a una organización enfocada y alineada a las decisiones de día con día.

4. **Factores de fracaso**: Estas son las cuestiones principales que pueden causar que pierdas el interés en lo que sea en que te encuentres trabajando. Tal como un puñado de principios clave te encamina hacia el éxito, un puñado de problemas consistentes contribuyen a tus fracasos. Estos problemas pueden estar relacionados a los precios, servicios o a cualquier inhabilidad de brindar valor o de posicionar tu producto. Sea cual sea el caso, siempre hay razones para perder, y es importante identificar cuáles son las causas. Esto es una realidad particular cuando las razones continúan repitiéndose.

Fusionando Estratégicamente Los Aspectos Positivos Y Negativos: Un Caso De Estudio

Me gustaría compartir un poco de la historia de una de las mayores corporaciones para la que he trabajado. No puedo dar detalles de mi trabajo con ellos, pero puedo mencionar que trabajar con ellos ayudándoles a descubrir cuáles eran sus condiciones actuales pudo energizar su concentración y sus habilidades para obtener apalancamiento estratégico y así lograr mejores resultados. Recientemente tuve el honor y privilegio de trabajar con el equipo de la compañía líder de ventas de los Estados Unidos.

A medida que los ejecutivos de ventas trabajaron a su manera durante el proceso de esclarecer sus condiciones actuales, se les hizo recordar uno de los aspectos positivos más significativos. Entre estos aspectos positivos estaba el hecho de que ellos contaban con una de las marcas más reconocidas mundialmente, y el hecho también de que la dedicación de la fuerza de ventas de la compañía es inigualable a la de cualquiera de la competencia. Los ejecutivos reafirmaron el valor de su experiencia colectiva y de su larga y exitosa historia. La ventaja competitiva histórica de la compañía quedó clara para ellos y reafirmaron también que la misma continuaba proporcionando bases poderosas para éxitos futuros.

A medida que los ejecutivos examinaron sus aspectos estratégicos positivos y negativos, ellos:

- Descubrieron la necesidad de fortalecer la conexión entre el centro corporativo y el campo de trabajo, mejoraron el apoyo a los representantes de campo y les proporcionaron herramientas de trabajo más efectivas, de igual forma, conciliaron las brechas entre el entrenamiento y hábitos de la fuerza de ventas.
- Determinaron cuáles eran las actividades de alto apalancamiento que los llevaron a las necesidades primordiales: facilitar una comunicación más frecuente y homogénea entre el centro corporativo y el campo de trabajo, creando mejores materiales de entrenamiento, catálogos y presentaciones de proyectos, y equipando al personal con equipos mejorados que contenían todo lo necesario para vender o reclutar.
- Se concentraron en las primordiales actividades de alto apalancamiento, las cuales produjeron apalancamiento estratégico y crearon mejores resultados.

Las recientes encuestas de satisfacción de campo mostraron un considerable aumento en el ánimo y opiniones respecto al entrenamiento, y las ventas han aumentado un 7% en el último trimestre. El punto de esto es demostrar que cada negocio necesita evaluar regularmente sus condiciones actuales. Si una compañía establecida como lo fueron mis clientes puede beneficiarse con estos procesos, cualquiera puede. Incluso si tu visión es de naturaleza personal, abastecerte de tu propia realidad es importante para definir y redefinir apropiadamente las metas que a la larga respaldarán tu éxito.

Aventurarse Hacia La Brecha

Ahora que hay claridad en tu visión y en tus condiciones actuales, es hora de aventurarse hacia la brecha y comenzar a concentrarte en las acciones que necesitas tomar para mover la aguja de tu medidor de resultados/impacto. La brecha entre tus condiciones actuales y tu visión a futuro está compuesta por metas que crean un mosaico de actividades diseñadas para producir resultados y éxitos predecibles.

> *"La brecha entre tus condiciones actuales y tu visión a futuro está compuesta por metas que crean un mosaico de actividades diseñadas para producir resultados y éxitos predecibles."*

Mi intención no es enseñar los detalles del establecimiento de metas en la aceleración estratégica. Ya han sido escritos muchos libros que muestran cómo hacerlo, y si deseas aprender más sobre las mecánicas del establecimiento de metas, no hay pretexto para no ayudarte a hacerlo. La fórmula específica del establecimiento de metas que elijas no es tan importante ya que cada fórmula varía sutilmente. La fórmula del establecimiento de metas "SMART" (por sus siglas en inglés) captura probablemente los elementos más importantes. Si no conoces la fórmula SMART, sus componentes esenciales son los siguientes:

1. Tu meta debe ser Específica.
2. Debes tener la capacidad de Medir tu progreso.
3. Tu meta debe ser Alcanzable.
4. Tu meta debe ser Realista.
5. Tu meta debe tener un plazo de Tiempo.

Supongamos que eres vendedor y que deseas dar un paso hacia adelante para escalar posiciones. Esta es una ambición digna, pero para concretarla mediante el sistema SMART necesitas traducir esta ambición en algo como esto:

> Quiero ser promovido como supervisor de ventas [**especifico**] mejorando mis ventas anuales en un 30% [**medible**], lo cual sé que puedo hacer ya que mis ventas han incrementado un 20% desde al año pasado [**alcanzable**], y tengo más y mejores ideas sobre cómo encontrar nuevos clientes [realista], y, además, me gustaría ser considerado para ser promovido si logro alcanzar estas metas para fin de año [**plazo de tiempo**].

Ahora estás listo para hablar de tu meta SMART con tu jefe y saber si él o ella deciden si estás en el camino a tu ascenso.

Gran parte de los procesos de establecimiento de metas recomiendan también segmentar tu vida en distintas categorías y crear entonces metas específicas desde cada una de ellas. Usualmente las categorías contienen variantes de las siguientes categorías:

- Vida familiar
- Vida profesional
- Vida financiera
- Vida física/salud
- Vida espiritual

Sorpresivamente, cuando segmentamos nuestras vidas en tales categorías y basamos nuestro establecimiento de metas en estas categorías, podemos crear problemas de concentración. Aunque es cierto que nuestras vidas están compuestas también por lo anteriormente mencionado, el asunto aquí es que nuestra vida es solo *una*. Cuando organizamos nuestras metas en categorías como estas, se abren las puertas a la posibilidad de invertir mucho tiempo en actividades que no tienen tanto impacto en mover la aguja de resultados. La naturaleza humana es tal que somos naturalmente atraídos por actividades que disfrutamos, en vez de serlo por actividades que preferiríamos evitar o aplazar; sin embargo, cuando organizas tus metas hacia una vida *segmentada*, corres el riesgo de gastar más tiempo en un aspecto específico de tu vida que en otro. Por ejemplo, si te gusta demasiado hacer ejercicio y llevar a cabo actividades físicas, puedes pasar más tiempo en tus metas físicas y de salud de lo realmente necesario.

La razón por la cual los gurús del establecimiento de metas sugieren el método de segmentación es que necesitamos vivir una vida balanceada. Organizar nuestras metas ligándolas a nuestros segmentos de vida, teóricamente producirán aquel balance. No es siempre este el caso, aun así, lo que enseño es una forma más efectiva de organizar y manejar tus metas. El recordatorio de este capítulo describe tal método.

Estrategias, Objetivos, Y Pasos De Acción

La Aceleración Estratégica se basa en hacer cosas que produzcan resultados superiores más rápidamente, y eso, como lo mencioné previamente, involucra identificar actividades de alto apalancamiento y concentrarse en las mismas. Cuando organizamos nuestros objetivos en segmentos de vida, resulta complicado incorporar una forma de pensar que se concentre en diferenciar estas actividades de alto apalancamiento. En otras palabras, cuando usamos la fórmula de segmentación, todas las áreas de nuestra vida y todas las metas se igualan. Por esta razón, debes contar con una forma para organizar tus metas que diferencie estas actividades de alto apalancamiento y que te permita concentrarte en la acción que te moverá la aguja de resultados.

Un concepto incorporado en la Aceleración Estratégica es que puedes ver el futuro sólo a cierta distancia, y tu actividad debe estar basada en qué tan lejos puedes llegar a ver. La idea es que durante el viaje seas capaz de ver más allá –como lo describí en el capítulo 2, en la historia de cómo Albert Mensah logró hacer real su meta de dejar África y venir a América trabajando metódicamente un paso a la vez. La verdad de este principio está basada en el hecho de que las circunstancias de tu vida son únicas para tu propia experiencia, edad, y las necesidades que sientas que debes satisfacer.

Si eres una persona soltera en tus veintes, puedes ver la vida de una manera distinta como la ve una persona casada de cuarenta. Por ejemplo, los jóvenes tienen una visión distinta de sus necesidades en el área de salud que la gente mayor. Muchos jóvenes actualmente optan por no adquirir seguro médico porque no les preocupa la enfermedad. La gente casada en sus cuarentas, posicionan el cuidado de la salud como una prioridad de alta importancia. Así que, dar pasos más allá de lo previsto y ser capaz de ver más allá se resume a tus propias necesidades y perspectivas individuales. Demos un vistazo a otro ejemplo más detallado.

Dar valor en perspectiva a The News Group: Un caso de estudio

Uno de mis clientes es una gran corporación conocida como The News Group, una compañía que distribuye libros y revistas en establecimientos comerciales como Safeway, Wal-Mart y cada librería dentro de aeropuertos en América. Los altos directivos de The News Group contrataron a mi compañía para ayudarles a aclarar su visión y a desarrollar un nuevo enfoque para su futuro.

El reto de la compañía fue mejorar su habilidad de vender basada en el valor del producto, no en el precio. La competencia en la industria de la compañía se limitaba a un puñado de otras compañías, y dado que estas compañías lograron igualdad en efectividad operacional, sus clientes no pudieron diferenciar su valor. Por lo tanto, vender sus servicios se convirtió estrictamente en una cuestión de precios. Esto los llevó a hacer reducciones en los márgenes año tras año y amenazó la rentabilidad y la supervivencia a corto plazo. Llegó un punto en el que fue necesaria la creación de nuevas estrategias basadas en la habilidad de vender el valor por encima del precio.

Para ayudar a que The News Group obtuviera claridad en su nueva visión, comenzamos entrevistando a los principales clientes de la compañía y a sus líderes. Lo que descubrimos fue asombroso. Aprendimos que lo que era considerado de mayor valor para los clientes eran los paneles de mercancía de The News Group en las tiendas cercanas, basándonos en la demografía de cada vecindario en particular. Tal habilidad superó cualquier demanda que The News Group pudiera haber hecho respecto a su efectividad operacional y sus procedimientos.

Tal descubrimiento desencadenó una nueva iniciativa dentro de The News Group que sugería reformar la compañía basándose en estrategias de con base en el valor en vez de reducir los costos y la efectividad operacional. El resultado del reposicionamiento de la compañía fue tener una nueva visión, con lo cual los altos directivos de la compañía se dieron cuenta de la existencia de un alcance expandido para sus negocios que los llevó a tener una verdadera alianza con las necesidades y metas de sus clientes. Se dieron cuenta de la oportunidad de convertirse en una solución estratégica para sus clientes y trascender como simples vendedores. Restauraron su visión para convertirse en "Socios en Soluciones Innovadoras de Ventas al Por Menor" para sus clientes.

Mi deseo no es dar la imagen de que la efectividad operacional no es importante. Sin embargo, la efectividad operacional debe ser alcanzada bajo el cobijo de estrategias basadas en valores. Las estrategias basadas en valores tienen la grandiosa habilidad de mover la aguja de resultados, y por tal razón, las estrategias deben ser tu mayor centro de atención. Independientemente de la naturaleza de tu visión, tener una verdadera perspectiva y darte cuenta de que el valor puede crear amplias oportunidades para el éxito a través de una conciencia mejorada y reposicionamiento estratégico.

Organizando Tus Metas Y Posicionar Tu Concentración En Tres Niveles

Recuerda, la Aceleración Estratégica te pide concentrar tu tiempo y esfuerzo en las metas y actividades que tienen una alta probabilidad de mover la aguja de resultados. La mejor manera de crear y organizar tus metas es reconocer tus necesidades específicas e identificar las actividades de alto apalancamiento creando un plan estratégico, el desarrollo del cual hablamos en el Ejercicio 13 del Apéndice B.

Un plan estratégico es coronado con la **visión**, la cual es sostenida por tres niveles que colectivamente producen el poder de impulsarte a través de la brecha. Del otro lado de la brecha, como ya bien sabes, se encuentra la realización exitosa de tu visión. Estos niveles están compuestos por distintos tipos de metas, algunos crearán mayores cantidades de apalancamiento estratégico que otras:

- **Nivel 1 – Estrategia**: En el primer nivel están las *estrategias* que debes desarrollar para ejecutar tu visión exitosamente. Estas metas producirán el mayor grado de apalancamiento estratégico. Los líderes principales deben desarrollar estas metas, y es el nivel sobre el cual los mismos deben invertir más tiempo y esfuerzos.
- **Nivel 2 – Objetivos**: En el segundo nivel hay *objetivos* que llevan a la exitosa ejecución de las estrategias. Estos objetivos son más tácticos en lo natural. Los líderes de los niveles de mandos medios deben invertir su tiempo aquí. Estas actividades producen apalancamiento estratégico, pero lo hacen menos que las actividades del nivel 1.
- **Nivel 3 – Acciones**: Finalmente, en el tercer nivel podrás saber cuáles son las *acciones* o los pasos específicos que debes ejecutar para alcanzar tus objetivos con éxito. Las metas del nivel 3 producen la menor cantidad de apalancamiento estratégico, pero deben ser alcanzados para completar los objetivos de los niveles 1 y 2.

Haciendo uso de una analogía militar, la relación entre visión, estrategia, objetivos y pasos de acción puede ser comprendida como los componentes en una guerra:

- **Visión**: es el supremo componente y representa el panorama completo y el resultado final de conducir una guerra con éxito.
- **Estrategias**: se relacionan con campañas principales que deben ser exitosamente completadas para ganar la guerra.
- **Objetivos**: representan las principales batallas en las que se debe pelear para lograr la victoria en las campañas estratégicas.
- **Acciones**: representan la tropa específica y las asignaciones que deben ser hechas durante batallas en específico.

Diferenciando Tu Concentración En Cada Nivel De Tu Visión

Ahora quiero hablar de los tres niveles de concentración en cada detalle. Es importante que comprendas las diferencias que separan y definen cada nivel de concentración.

- **Estrategia (Nivel 1)**: Las estrategias representan en qué debes *con-*

vertirte en el camino mientras cruzas la brecha hacia tu visión. Las estrategias se tratan de crear condiciones que produzcan ventajas únicas y competitivas que vienen de la mano con el apoyo a la ejecución exitosa de tu visión. Lo más importante de entender respecto a las estrategias, es que no se trata solamente de acciones tácticas. Son completamente estratégicas. Las estrategias se deben relacionar para *crear y mejorar* el valor, ya que es ello lo que crea sustentabilidad a largo plazo para tu ventaja competitiva y éxito. Por tal razón, crear estrategias relevantes es el factor más importante para lograr identificar las actividades de alto apalancamiento.

- **Objetivos (Nivel 2)**: Lo más importante para recordar acerca de la creación de objetivos del Nivel 2 es que éstos deben estar basados en las estrategias creadas en el Nivel 1. Los objetivos son componentes específicos de lo que la estrategia debe lograr alcanzar, y representan las metas más importantes para alcanzar estas estrategias. Cuando comienzas a establecer objetivos, comienzas la transición para concentrarte en la acción que necesitas ejecutar en el *presente*. Las estrategias creadas en el Nivel 1 son más una perspectiva de *largo plazo* y representan qué tan lejos puedes llegar a ver. Por el contrario, los objetivos que creas para alcanzar estas estrategias representan las tareas más *inmediatas* que debes ejecutar para que puedas ir más allá de lo que tenías previsto.

- **Acciones (Nivel 3):** los pasos de acción son mini objetivos hechos de factores específicos que debes ejecutar *día a día y semana a semana*. Para garantizar que tus pasos de acción te lleven al mayor nivel de apalancamiento estratégico, debes someterlos al mismo juicio al cual recurriste para crear estrategias y objetivos. Debes preguntarte si el paso a la acción tendrá un *impacto* directo para ayudarte a completar exitosamente tu objetivo al cual se relaciona el paso de acción. Los pasos de acción son las cuestiones más inmediatas con las que debes trabajar, y se encuentran siempre en el presente cercano.

Poniéndolo Todo Junto

Quiero compartir un ejemplo de cómo el desarrollo de una clara visión y el respaldarlo con los tres niveles de *estrategia, objetivos* y *acciones* puede crear un enfoque real y resultados reales. Terex Corporation se encarga de la fabricación de equipo pesado utilizado en minería, construcción vial, utilidades y otros sectores de infraestructura. La compañía hace inversiones significativas en la publicidad de sus productos con equipos de gran tamaño en ferias comerciales. El costo de la organización presencial de la compañía para este tipo de ferias es muy elevado, y los altos directivos deseaban estar seguros de que su inversión había valido la pena al saber que comunicaban el valor de sus productos a sus clientes, lo cual por supuesto, se traduciría en tener más ventas e incrementar su cartera de clientes. Ellos contrataron mis servicios para ayudarles a lograr su meta.

- **Visión**: Su visión, como se muestra a continuación, se centra en las siguientes tres áreas:
    1. Clientes: Ser la compañía más responsiva de la industria en el sector de atención al cliente, tal como lo determinan sus propios clientes.
    2. Financiera: Ser la compañía más rentable de la industria, según lo medido por el retorno del capital invertido.
    3. Equipo de Trabajo: Ser el mejor lugar para trabajar de la industria, según lo determinado por los miembros del equipo.
- **Estrategia**: La estrategia que desarrollamos para Terex fue incrementar nuevas oportunidades para los clientes en las ferias comerciales.
- **Objetivos**: Para lograr concretar esta estrategia, fueron establecidos distintos objetivos específicos, pero el más importante fue:

    Crear y desplegar un poderoso programa de entrenamiento para presentarlo en formato de seminario antes de las ferias comerciales, para que así el personal de los mismos eventos cuente con la habilidad de comunicar a los clientes el valor de los productos Terex.

Puedes darte cuenta en este objetivo de cómo todos los elementos de los "qué", los "cómo", los "por qué" y los "cuando" fueron incorporados en el lenguaje del objetivo.

- **Acciones**: Las numerosas acciones que desarrollamos para respaldar el objetivo incluyeron varios métodos de entrenamiento para los miembros del equipo, y de igual manera nos aseguramos de que éstos retuvieran lo aprendido durante las sesiones.

El exitoso entrenamiento brindado al equipo de trabajo fue todo un parteaguas para Terex en las ferias comerciales y la habilidad de comunicar el valor del producto a sus clientes incrementó significativamente. En una carta que recibí de Kevin Jaco, director principal de mercadotecnia y marca de Terex, éste se expresa de la siguiente forma:

> Pudimos ver un cambio real en el comportamiento de nuestro equipo de trabajo en la ConExpo, lo cual ayudó a tener la mejor feria comercial en nuestra historia.

El proyecto con Terex ayudó a que los altos mandos de la compañía crearan apalancamiento estratégico y la habilidad de concentrarse en una estrategia y objetivo que moviera su aguja de resultados un paso más cerca de su visión.

Tu visión podría ser un importante emprendimiento o algo simple sin embargo importante para ti. Sea cual sea tu objetivo final, desarrollar una visión más clara y respaldarla con los tres niveles de estrategia, objetivos y acciones puede crear un enfoque y resultados reales.

Resumen

La Aceleración Estratégica proporciona un método de concentración diseñado para acelerar los procesos. Los fundamentos de esta idea son de apalancamiento estratégico, el cual se logra concentrándose en actividades que mueven la aguja de resultados. La concentración está ubicada entre dos puntos, y se fundamenta en la brecha entre *dónde te encuentras ahora mismo y hacia dónde deseas ir.* La clave para lograr resultados superiores rápidamente es concentrarte y concentrarte en las acciones que hacen verdaderas diferencias.

Ahora que hay en ti claridad y enfoque, estás listo para la siguiente sección del libro: ejecución, la cual está compuesta por persuasión, producción y presencia. La persuasión es el tema del Capítulo 6, el cual te proporcionará de habilidades para solicitar ayuda y recibirla de otros que pueden acercarte a los objetivos de tu visión.

Puntos muy importantes

- Descubrir tus actividades de alto apalancamiento entendiendo que hay dos puntos mentales:
    1. La visión de hacia dónde deseas ir
    2. La realidad de donde te encuentras actualmente

Entre estos dos puntos mentales hay una brecha que contiene las actividades de alto apalancamiento, o cada estrategia, objetivo y paso de acción que necesitas realizar para alcanzar tu visión. En esta brecha también se encuentra tu concentración.

- Debes reunir dos categorías importantes de información para producir claridad en tu condición actual:
    1. Los aspectos estratégicos positivos son las fortalezas que posees y que impactan significativamente tu capacidad de tener éxito.
    2. Los aspectos estratégicos negativos son los factores que contribuyen más significativamente a que fracases o a que tus resultados sean menos satisfactorios de lo esperado.
- Un plan estratégico es coronado por la visión, la cual está respaldada por tres Niveles de Concentración que producirán de forma colectiva el poder de impulsarte a través de la brecha. Del otro lado de la brecha se encuentra la realización exitosa de la visión.
- Los tres Niveles de Concentración son:

Nivel 1: Las *metas estratégicas* que debes desarrollar para ejecutar la realización de tu visión.

Nivel 2: Las *metas operacionales* que te llevan a ejecutar tus estrategias exitosamente.

Nivel 3: Las metas de acción, o los pasos específicos que debes completar para alcanzar tus objetivos exitosamente.

CAPÍTULO 6

La Persuasión Importa

La claridad te permite tener mejores métodos de persuasión para comunicarte, lo cual es la base de la gran realización.

El capítulo 5 abarcó el concepto de apalancamiento estratégico, o la habilidad para organizar tus objetivos e identificar las actividades que producen resultados reales. Ahora que has desarrollado claridad en tu visión y que puedes concentrarte en lo que necesitas hacer para llegar a ella, puedes comenzar a solicitar ayuda y adquirirla de otros que pueden ayudarte a llegar a tu objetivo. Este capítulo te enseñará cómo crear un cambio voluntario en otros y a juntos trabajar para exceder las expectativas.

La aceleración estratégica puede compararse con un tripie con patas individuales a las cuales llamaremos *claridad, concentración* y *ejecución*.

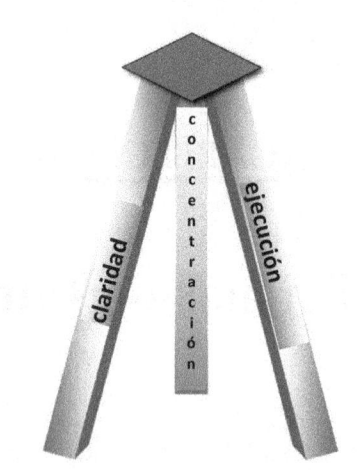

El tripie de la Aceleración Estratégica

Las tres patas trabajan en conjunto para llegar a una meta en común, el cual es producir resultados superiores más rápidamente. Como puedes recordar de capítulos anteriores, la claridad se trata de saber qué es lo que realmente deseas y de comprender cuál es el valor y propósito de tu visión, y concentrarte en evitar distracciones, y aprender a identificar las actividades de alto apalancamiento que mueven la aguja de resultados significativamente. Ya hemos hablado de la claridad y de la concentración desde la perspectiva de comprender su *esencia, sus características estratégicas*. El siguiente tema, *ejecución*, debe ser abordado de la misma manera.

La claridad, concentración y ejecución son partes iguales de un proceso de Aceleración Estratégica. Ninguno es más importante que otro, pero si descartas uno o más de ellos, no tendrás el éxito que esperas. Es por ello que menciono que los resultados alcanzados serán menos de lo que necesitas o esperas, justo como si a un tripie le removieran una de sus patas y se desplomara frente a ti. La claridad, la concentración y la ejecución están también ligadas en una progresión o proceso. La claridad provee fundamentos para la concentración. La claridad y la concentración fusionadas forman la base para la ejecución. Aunque las tres son importantes, la parte más importante es la ejecución. La razón que la hace más importante es que la ejecución se trata de *hacer*. La claridad y la concentración proporcionan un mapa y forman las *bases* para hacer lo que necesitas hacer, pero la ejecución se trata más de *realmente hacerlo*, y es aquí donde pasarás la mayor parte de tu tiempo. Tal como sucede con la claridad y la concentración, hay asuntos esenciales respecto a la ejecución que son estratégicos y por ello son de las partes más importantes.

La ejecución puede ser también considerada un tripie. Sus patas son la Persuasión, la Producción y la Presencia.

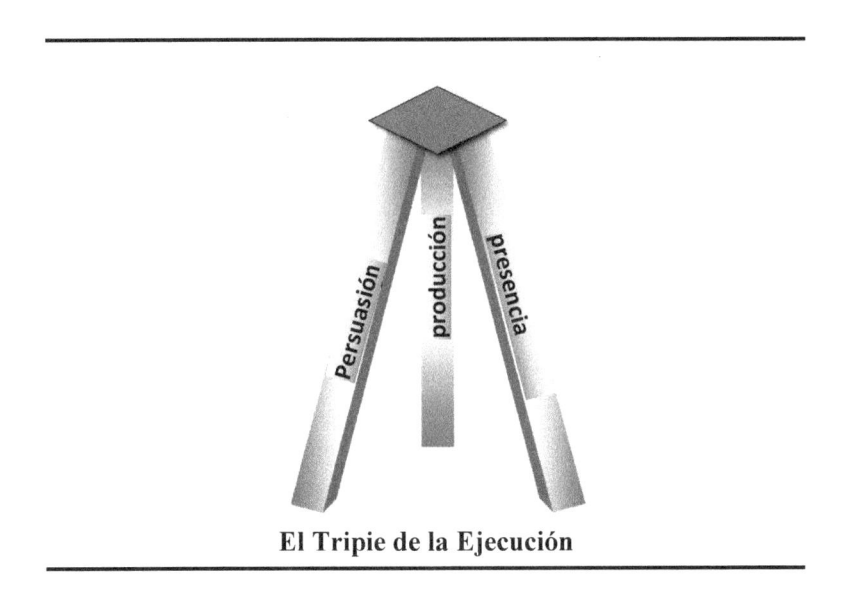

El Tripie de la Ejecución

Este capítulo habla de la persuasión. El capítulo 7 explora el asunto de producción, y el capítulo 8 habla de la presencia.

La Persuasión Es Importante Para La Ejecución

La mejor manera de entender el significado de la persuasión y del rol que juega en relación con la ejecución es reconocer cuánto tiempo inviertes en persuadir a otros ¿en qué porcentaje evaluarías tu esfuerzo total persuadiendo a otros? ¿20 por ciento? ¿50 por ciento? ¿Más que eso? La respuesta a esta pregunta depende ciertamente de lo que haces en tu vida, sin embargo, si eres un líder empresarial, si eres un empresario, es evidente que estás rodeado de un mundo de ventas, o también si de alguna manera te desenvuelves entre otras personas, puedo decirte que la mayor parte de tu tiempo estás rodeado de ciertas formas de persuasión. Además, si estás casado o tienes hijos, estás también constantemente rodeado de persuasión. Si eres trabajador voluntario, estás también intentando persuadir a los demás para que apoyen tu obra de caridad o tu proyecto, si estás envuelto en la política, el entero proceso político en sí está empapado de persuasión. Si eres pastor, doctor o abogado, estás inmerso en persuadir a otros para hacer lo mejor para ellos mismos.

> *"La clave para un liderazgo exitoso*
> *hoy en día es la influencia, no la autoridad."*
> —Ken Blanchard

Independientemente de tu oficio, estás muy involucrado en el mundo de la persuasión, y es por ello que la persuasión es uno de los elementos estratégicos de la ejecución. Necesitas de la asistencia y la cooperación de terceros para tener éxito, y tu habilidad de persuadir tiene demasiado que ver con la voluntad de otros no sólo para asistirte, sino para hacerlo *excediendo las expectativas*. Cuando puedes persuadir a otros a que excedan las expectativas, la ejecución puede ser llevada a un mayor nivel y mover realmente la aguja de resultados.

Jane, la nueva directora del área de mercadotecnia de una próspera comunidad de retiro, es la responsable de mantener las normas de ocupación lo más elevados posible. Por ello, concentra sus esfuerzos en exceder las actuales expectativas de sus residentes y en pensar en nuevas e innovadoras formas de atraer a nuevos ocupantes. Después de haber tomado el puesto, examinó la propiedad críticamente y evaluó sus fortalezas y debilidades. Dado que la comunidad rara vez manejaba cuotas de renovación de arrendamiento y pocos niveles de ocupación, supo que necesitaba cambiar algo. Solicitó a sus residentes una retroalimentación anónima y se encontró con que, una renovación a las áreas al aire libre donde los residentes de vez en cuando se reunían a tomar café, estudiar la Biblia, o compartir con sus nietos, podría aportar valor a la calidad de vida de sus residentes. Además, aquella idea concretada mejoraría significativamente el aspecto exterior de la propiedad, lo cual sería un gran atractivo para los recorridos ofrecidos a potenciales residentes.

> *"La persuasión es uno de los elementos estratégicos de la ejecución."*

Los residentes le comunicaron a Jane que sentían que los paisajes y senderos estaban descuidados y muy mal mantenidos, las áreas de descanso estaban en muy mal estado y no eran nada atractivas, y dijeron también que en el lugar resultaba todo un reto poder manejar una silla de ruedas o una andadera. Jane planificó un proyecto para un lindo y renovado conjunto de áreas de descanso conectado a agradables senderos para caminar, con mejor iluminación, mayor accesibilidad para sillas de ruedas y andaderas, un mejor y más atractivo mobiliario e incluso una pequeña área para niños visitantes. Debido a que los dueños de la propiedad eran conocidos por ser avaros en otro estado, ella supo que la aprobación del presupuesto para estas mejoras supondría un reto, pese a la visión positiva del incremento de ganancias que ella estaba segura que lograría ver.

"¿Cómo es que puedo hacerles ver el valor de mi idea?" me preguntó, y le sugerí dar el mejor de los argumentos posibles cuando presentara su propuesta. Con tal fin, pasó algunas semanas reuniendo el mayor material de apoyo posible que pudo encontrar. Tomó fotografías de las áreas de descanso de las comunidades rivales e investigó cuáles eran los niveles de alta ocupación de los mismos. Implementó que los nuevos prospectos de residentes resolvieran un cuestionario después de los recorridos que le proporcionara información acerca de la impresión que éstos tuvieron de la propiedad. Logró convencer a algunos de los más sinceros residentes de compartir sus honestas opiniones sobre las áreas de descanso. Los residentes estaban maravillados con este nuevo interés de los empleados en sus vidas. Después de varios años de ver cómo la propiedad en la que vivían se desmoronaba lentamente, se entusiasmaron de ver potencial para lograr un cambio y mejora.

Después de clasificar sus recursos y pensar exactamente en lo qué iba a decir, Jane entregó a los dueños de la propiedad una poderosa presentación que los persuadió a financiar el proyecto de mejoras. Su éxito fue un deleite para los residentes ya que con ello pudo demostrarles su verdadero interés en ellos, y sus innovaciones hicieron la propiedad más atractiva para los nuevos prospectos. La comunidad cuenta ahora con una lista de espera de cuatro meses, y Jane está siendo ya considerara para ejercer el lugar de Directora Ejecutiva. Excedió todas las expectativas de las partes interesadas persuadiendo de forma efectiva a los residentes para ayudarla a persuadir a los jefes para invertir en la comunidad, y todos fueron testigos de que el resultado fue de un éxito tremendo.

La historia de Jane es un gran ejemplo de algo que he aprendido con el paso de los años:

> Las personas más exitosas son capaces de convencer y persuadir de manera efectiva a otras personas para que éstos hagan lo necesario en nombre de ellos.

Tuve un deseo eterno de convertirme en el mejor comunicador y persuasor que me fuera posible. También quise ayudar a los demás a mejorar sus habilidades de persuasión y comunicación. Cuando comencé a perseguir esta visión, no entendí que mi deseo de convertirme en un mejor comunicador estaba siendo impulsado por un motivo de mayor fundamento: amo ganar ¡y odio perder!

Hay una conexión poderosa entre la persuasión y la ejecución. La gente exitosa influencia a otros sabiendo qué es lo que quieren decir y cómo quieren decirlo, y son capaces de decirlo de una forma que impacte a los demás y los lleve a la acción. Descubrir esta conexión me permitió incrementar mis propias habilidades de persuasión y enseñar a los demás que la ejecución depende de la habilidad de inspirar a otros.

> *"La gente exitosa influencia a otros sabiendo qué es lo que quieren decir y cómo quieren decirlo, y son capaces de decirlo de una forma que impacte a los demás y los lleve a la acción."*

He conocido muchas personas inteligentes que no aprecian la poderosa relación entre la habilidad *para persuadir* y el *éxito*. He visto actitudes que sugieren que estas habilidades no son de importancia y que están sujetas a ser mejoradas solo después de que se hayan hecho otras cosas más importantes. Dale Carnegie escribió que el 85 por ciento del éxito financiero de una persona estaba ligado a su personalidad y a la habilidad de liderar a la gente. Coincido con esta valoración ya que liderar a la gente es en sí persuadirlos a actuar de ciertas formas. Un principio vital que he aprendido es este:

¡Cuando todo es igual ¡la
habilidad para presentar y
comunicar tus ideas de forma efectiva
es el único factor más grande del éxito!

Esto es una realidad para mí ya que mi propio éxito ha dependido frecuentemente de motivar y persuadir a otros para ejecutar una acción positiva en mi nombre. La comunicación efectiva y las habilidades de presentación requieren que planees qué deseas decir, y cómo harás *entrega* de tu mensaje. Una entrega efectiva te permitirá convencer a otros de tomar acción en tu nombre. En el Apéndice C, el cual te ayudará a desarrollar tu Plan de Acción de Ejecución, aprenderás el concepto de esquema 3D (Ejercicio 14), el cual describe qué es lo que deseas decir y cómo es que lo dirás, y crea un esquema de todas las acciones que se tienen que están detrás de una entrega exitosa.

Tu habilidad de persuadir a otros tiene un impacto directo con ser capaz de lograr resultados superiores rápidamente. En los capítulos 4 y 5, hago énfasis de la importancia de identificar y concentrarse en actividades de alto apalancamiento que brinden mayor oportunidad de mover significativamente la aguja de resultados. No obstante, la identificación y la concentración en estas actividades es sólo el comienzo. Una vez que sepas cuáles son tus actividades de alto apalancamiento, te enfrentas al reto de llevarlas realmente a cabo, lo cual normalmente involucra a otras personas. Más allá de persuadir a otros a que te ayuden, necesitas también persuadirlos a actuar con rapidez. A medida que comiences a ejecutar tus actividades de alto apalancamiento, alcanzarás inevitablemente un punto en el que esperarás a que otros completen una serie de tareas antes de que puedas tú completarlas. Cuando esperas ¡estás matando tiempo! Tu habilidad para persuadir a la gente para actuar *con rapidez* impactará directamente en qué tan a seguido y cuánto tiempo debes esperar. Para persuadir a la gente a actuar con rapidez, debes convencerla de *exceder las expectativas*.

El Significado De Exceder Las Expectativas

A lo largo de este libro, he hablado de la importancia de un cambio voluntario, un factor muy importante en tu propio comportamiento al igual que del comportamiento de otros. En el capítulo 1 hablamos de este principio más extensamente. Cuando estás ya listo para ejecutar tu visión, necesitas crear también la necesidad de exceder las expectativas, lo cual te lleva a entender mejor la definición dinámica del acto de exceder las expectativas.

A lo largo de los años he aprendido bastante sobre encarar y exceder las expectativas, y una de las cosas que he aprendido de ahí es que no es algo complicado o imposible de entender. Las expectativas se *identifican* cuando las cosas suceden de la forma en que uno espera que sucedan. Sin embargo, *las expectativas se exceden cuando suceden cosas positivas que definitivamente no esperamos.*

> *"Sé un ejemplo de calidad. Algunas personas no están acostumbradas a un ambiente donde se espera la excelencia."*
> —Steve Jobs

Quiero ser muy claro respecto al por qué exceder las expectativas es la concentración mental estratégico que conduce a la creación de resultados superiores. Exceder las expectativas es una manera estratégica de pensar basada en el hecho de que al final del día, nos convertimos en aquello en lo que pensamos. La mente es una ingeniería de acciones, y las acciones producen resultados. Cada ejemplo que he dado en este libro refleja esa verdad. Cuando las personas tienen algo claro en sus mentes y aquello se convierte en el centro de su pensamiento, esto forma lo que realmente son y lo que hacen. Esta es la razón del por qué una visión clara tiene el poder de acercarnos a nuestra meta hasta alcanzarla. Cuando entendemos que nuestros pensamientos se traducen directamente a resultados, podemos darnos cuenta de que pensar en términos que exceden las expectativas es muy poderoso. Para persuadir a otros a exceder las expectativas se requiere de ser capaces de persuadirlos a *pensar distinto en cuestión de las cosas que hacen y el cómo las hacen.*

Cuando se trata del rol de la persuasión llevado a la ejecución (las acciones que llevamos a cabo día con día), persuadir a otros a exceder las expectativas es la parte más importante ¿por qué? Porque todos los seres humanos tienen expectativas sobre sus vidas. Es una característica universal humana. La gente tiene expectativas sobre sus relaciones, sus trabajos, sus familias, los autos que manejan, la comida que comen, y la lista podría ser eterna. El punto es que cada experiencia que tenemos en la vida viene con una expectativa adjunta. Del mismo modo, cualquier acción que llevamos a cabo viene ligada a las expectativas que tengamos para nosotros mismos o para las expectativas de otros. Por ello, considerar de forma estratégica como nuestras metas impactarán las expectativas se vuelve la mentalidad fundamental para producir resultados superiores. El ejercicio 15 del Apéndice C te ayudará a determinar la manera en que puedes exceder las expectativas. Cuando eres capaz de sobrepasar tus propias expectativas y las ajenas, la aceleración estratégica comienza a fluir en cada parte de tu vida y se convierte en la base de tu habilidad para lograr resultados superiores de manera rápida.

Cómo El Exceder Las Expectativas Impacta En Los Resultados

La ejecución de cualquier visión requiere de una mezcla de una buena planeación, de la creación de estrategias efectivas y el planteamiento de objetivos y metas específicas. Sin embargo, no deberás saltar hacia estas actividades sin claridad y enfoque, y es necesario también pensar en cada paso que se dará con cautela, para así exceder las expectativas del resultado de una forma positiva. Tu habilidad para comprender tus expectativas y las ajenas puede ser un buen comienzo para tener un punto de referencia de las condiciones actuales. Tus condiciones actuales usualmente representan lo que yo llamo *expectativa neutral*, la expectativa en que algo sucederá exactamente como deseas que suceda. Estancarte en las mismas condiciones te hará continuar produciendo los mismos resultados ya que tus acciones y las acciones de los demás no cambiarán y continuarás haciendo y lo que se espera. Es por ello que, exceder las expectativas de forma positiva es el primer paso para salir de tus condiciones actuales.

Entendiendo las Expectativas

Entender cómo las expectativas son creadas es el primer paso para lograr excederlas de forma positiva. Las expectativas vienen de nuestra experiencia. A medida que experimentamos cambios, nuestras expectativas también cambian. Daré un ejemplo de cómo funciona esto. Esta experiencia gira en torno a una herramienta creada para cambiar la forma en que trabajamos y nos comunicamos: el correo de voz. Antes de los correos de voz, cuando se marcaba a una oficina, las expectativas neutrales eran escuchar a una persona responder el teléfono. Cuando aparecieron los correos de voz, la expectativa neutral fue bruscamente sacudida al darnos cuenta de que se nos invitaba a grabar un mensaje personal. La primera vez que me topé con un correo de voz ¡colgué! Fue algo más allá de mis expectativas. No supe cómo responder a ello.

"Tu habilidad para comprender tus expectativas y las ajenas puede ser un buen comienzo para tener un punto de referencia de las condiciones actuales."

La intención y estrategia original de los correos de voz fue crear una herramienta positiva que excediera las expectativas mejorando significativamente la velocidad y los resultados de la comunicación vía telefónica. Antes de la aparición de los correos de voz, la expectativa de la persona que llama y la persona que es llamada era comunicarse mediante un proceso que bien puede ser descrito como una toma de recados por teléfono. Los recados telefónicos fueron creados por operadores y recepcionistas telefónicos que tomaban el mensaje para las personas a quien llamaban. Usualmente, los recados telefónicos reflejaban solamente el nombre y el número de la persona que llamaba, y el motivo de la llamada era encriptada y de poca duración. Los recados telefónicos fueron el modelo inicial antes de la aparición de los correos de voz.

Como la mayoría de las buenas ideas, el correo de voz fue creado originalmente para crear resultados positivos. Permitiéndole a la gente dejar grabados sus mensajes personalizados para personas específicas, mismas que podían devolver la llamada más eficientemente. Los correos de voz ayudaron a sincronizar la comunicación telefónica con el mundo real y las empresas. El hecho de poder grabar un mensaje con información para el destinatario y después enviarlo al mismo, permitió facilitar la practicidad en una llamada y el tiempo ahorrado para resolver cuestiones fue impresionante. Antes de los correos de voz, sólo una de cuatro llamadas lograba conectar en tiempo real con la persona a quien llamaban. Obtener un mensaje con contenido por este medio fue toda una sensación. Los correos de voz permitieron a los usuarios dejar un mensaje directo a la persona a quien contactaban el 100% del tiempo. Claramente, los correos de voz excedieron las expectativas de los usuarios telefónicos de forma positiva y los resultados superiores esperados no se hicieron esperar.

¡Cómo han cambiado los tiempos! Hoy en día nuestras expectativas neutrales se basan en obtener un sistema de correo de voz cuando recibimos una llamada en cualquier tipo de negocio. Nuestra experiencia colectiva en los pasados veinte años ha dado un giro a nuestras expectativas en torno a lo que sucederá al hacer una llamada. Hoy en día, rara vez esperamos a que las personas respondan una llamada convencional ya sea en su negocio o en su hogar. Las expectativas siempre están cambiando y lo hacen basadas en la experiencia. Esto refuerza la necesidad de exceder las expectativas, un fundamento estratégico que precede a la acción. Es esto lo que guía la necesidad de persuadir a otros para sobrepasar lo esperado.

El principio por el cual desearás persuadir a los demás es este:

> Las expectativas que excedemos
> hoy, serán las semillas de
> nuevas oportunidades en el futuro.

Esto puede incluso sonar obvio, pero muchas personas fallan al conectar sus acciones del presente con oportunidades a futuro. De hecho, todo negocio ha sido iniciado y nutrido por estrategias que excedían las expectativas. La historia de Howard Schultz, fundador de Starbucks Coffee, es una conocida anécdota sobre el éxito de un negocio, pero quiero hablar brevemente de un aspecto de la estrategia de Starbucks que ha pasado muchas veces desapercibido y es un gran ejemplo del cómo lograr exceder las expectativas de gran manera. También nos brinda un ejemplo de lo que puede suceder cuando te apartas de esa estrategia.

El compromiso de Howard Schultz en exceder las expectativas extendió cada Starbucks desde el día en que Schultz adquirió el negocio. Schultz excedió las expectativas de los clientes creando lo que él llamó un "tercer espacio". Starbucks creó un espacio donde los clientes pudieran sentirse como si estuvieran en su casa o en sus lugares de trabajo, un tercer espacio de confort. Starbucks creó un ambiente que, combinando el aroma a café, el confort, la cordialidad y la experiencia participativa de hacer y beber café. Exceder las expectativas de los clientes respecto a la forma de tomar un café fue el corazón de este ambiente, y ciertamente, funcionó. Starbucks indica que sus clientes frecuentes visitan constantemente la tienda y la cantidad de ocasiones suele ser ni más ni menos que la asombrosa cantidad de ¡dieciocho veces al mes! Starbucks ha cambiado las expectativas de América acerca de tomar un café al punto de crear cambios en nuestra cultura.

No sólo Schultz excedió las expectativas del consumo de café en América, sino también excedió las expectativas de carrera de quienes buscaban trabajar en alguna cadena de alimentos. En un segmento del programa *60 Minutos* de CBS de 2006, Schultz dijo estar marcado por el recuerdo de su padre sentado en su hogar con su pierna enyesada y sin seguro médico, y es ese recuerdo ha creado un profundo compromiso de respeto a sus empleados. Esto hizo que el paquete de beneficios para empleados de Starbucks fuera una realidad.

¿Qué es lo que normalmente espera una persona cuando aplica para trabajar en un pequeño negocio de comida? ¿Esperan ser provistos de cuidados para su salud y la de sus familias? ¿Esperan ser provistos de cuidados para su salud trabajando medio tiempo? ¿Esperan poder ser accionistas del mismo negocio? Bien, si aplican para trabajar en Starbucks, pueden recibir eso. ¡Starbucks asegura gastar más en el cuidado para la salud de sus empleados que en comprar granos de café! Cuando pagas por tu bebida en Starbucks, pagas cuidados para la salud, oportunidades de adquirir acciones y mucho más que va directamente al beneficio de los empleados de Schultz. Las expectativas de carrera de los empleados de Starbucks definitivamente son excedidas.

La historia de Starbucks dio otro giro en el año 2000 cuando Schultz pasó de ser CEO a Presidente de la Junta Directiva. En los años siguientes, la participación financiera de Starbucks descendió y sus acciones comenzaron a caer. En febrero 14 de 2007, Schultz envió un memorándum a los altos directivos de Starbucks. Le preocupaba la manera en que Starbucks era manejado y temía que la compañía se desviara de lo que la había vuelto exitosa. A este problema lo llamó "La Comoditización de Starbucks". En tal memorándum, Schultz dijo:

> Mientras preparan el proceso de planeación estratégica para el año fiscal 2008, quisiera compartir algunas de mis posturas con ustedes. En los últimos diez años, con la intención de lograr un crecimiento, desarrollo y escala necesaria para pasar de tener menos de 1,000 tiendas y lograr tener más de 13,000 y más, hemos tenido que tomar una serie de decisiones que, en retrospectiva, nos han llevado a la caída de la experiencia Starbucks, y a esto algunos lo llamarían la comoditización de nuestra marca. Muchas de estas decisiones pudieron haber sido las correctas en su tiempo, y de ser por sus propios méritos no hubiesen contribuido a la caída de la experiencia, aunque en este caso, la suma es aún mayor, y, desafortunadamente, mucho más dañina que las piezas sueltas.

Schultz habla de cosas específicas que habían hecho y que habían hecho cambiar la experiencia Starbucks. Mencionó que los equipos que habían sido instalados bloqueaban la vista a los clientes de todo el proceso de preparación de sus cafés. Habló de la pérdida del aroma a café que aportaban las bolsas de granos de café y del cambio en el diseño que había disminuido el ambiente de barrio de la tienda. Schultz afirmó que estos y otros factores habían cambiado el ambiente del concepto original de Starbucks como un "tercer espacio" y que eran una raíz de los actuales problemas. Dejaron de exceder las expectativas de sus clientes y ni siquiera interactuaban con ellos.

Una vez que Starbucks cambió la cultura de consumo de café en América cambiando las expectativas, la compañía olvidó que los cambios volverían eventualmente a ser parte del status quo. Cuando la compañía comenzó a hacer los cambios pertinentes para erosionar el ambiente del "tercer espacio", lo hizo nuevamente, excediendo las expectativas, pero de forma negativa. Con el paso del tiempo, esto comenzó a impactar en el rubro financiero.

Para enero de 2008, Schultz reclamó su posición como CEO de Starbucks y se comprometió a lograr que la compañía retomara su camino. En abril de 2008 fue entrevistado para la revista *Business Week* por María Bartiromo. Al compartir su estrategia para restablecer la imagen y el crecimiento de Starbucks, Schultz dijo:

> El trabajo de cada expendedor y de cada comerciante es ponerse en los zapatos de los clientes y preguntarse si estás excediendo sus expectativas. Es esto lo que debemos hacer como negocio.

Schultz tenía claro en esta entrevista que estaba volviendo al núcleo de principios que había hecho a Starbucks hacer la diferencia desde el inicio. Su propósito era volver a su estrategia primaria, la de exceder las expectativas de los clientes.

La Persuasión Es La Clave Para Exceder Las Expectativas

La historia de Starbucks es un gran ejemplo de cómo el exceder las expectativas puede crear y sostener éxitos tremendos para un negocio. Persuadiendo a los expendedores y a los comerciantes a pensar como sus clientes, pudo lograr que la mentalidad de exceder las expectativas fuera retomada, lo cual permitió a Starbucks volver a su núcleo de principios estratégicos.

Sin embargo, hay más en aquello de exceder expectativas que sólo adoptarlo como una estrategia global de negocio. Exceder las expectativas tiene mayor impacto cuando es adoptado por los individuos como un estilo de vida. Cuando tienes a un grupo de personas viviendo para exceder las expectativas durante sus actividades diarias, has creado entonces una fuerza poderosa de resultados superiores. Los resultados producidos se logran más rápidamente y con una mejor calidad.

Resulta extraño para cualquiera exceder las expectativas a menos que lo hagan a propósito. *Exceder las expectativas a propósito* quiere decir que entiendes cómo funciona el desempeño esperado y te das cuenta de que aquel desempeño esperado no es del todo extraordinario. Es aún más difícil cuando te das cuenta de que exceder las expectativas requiere más esfuerzo para superar lo que puede ser descrito como "un desempeño aceptable". Un desempeño aceptable es sinónimo de mediocridad y se rige por la mediocridad en sí. La excelencia no es más que algo que se vuelve una esperada rutina, y entonces, exceder las expectativas produce siempre excelencia.

Cada ser humano es capaz de producir excelencia, porque cada ser humano es capaz de exceder las expectativas. Lo único que debe suceder para *producir excelencia periódicamente* es estar dispuestos a *exceder las expectativas regularmente*. Siendo tan simple como parece, hay quienes no practican la excelencia con regularidad hasta que son persuadidos a hacerlo.

> Una función esencial del liderazgo es persuadir y motivar a otros a perseguir la excelencia ayudándolos a comprometerse a exceder las expectativas.

Los Tres Elementos De Una Persuasión Efectiva

La persuasión es la piedra angular de la gran ejecución. Ahora necesitas desarrollar el entendimiento de lo que se requiere para ser un persuasor más efectivo. Hay dos maneras de hacerlo. Una sería tener una larga charla sobre las habilidades de presentación y comunicación específicas que puedes practicar, aunque ese tema no nos conduciría al estratégico reto de la persuasión. No es que las habilidades de táctica no sean importantes, porque realmente lo son. De hecho, he escrito más de una docena de libros sobre este tema en específico (todos disponibles en www.tonyjeary.com). La segunda manera, que es el Proceso de Aceleración Estratégica, se ocupa de los por qué de tus visiones y propósitos y explica la forma de pensamiento que necesitas adoptar para concretarlos. La persuasión no es tan diferente. Hay tres elementos estratégicos en la persuasión que debes entender. Estos elementos no sólo representan *el que y por qué* de lo que comunicas sino también reflejan el *efecto* de esa comunicación. Demos un vistazo a estos tres elementos de persuasión efectiva.

Elemento de persuasión No. 1: Comunicar en el Nivel de Creencia y explicar el "por qué"

La importancia de la persuasión quedó vívidamente clara para mí en la década de los ochentas cuando pase un tiempo como orador nacional en un seminario de grupos promotores. Viajaba a nuevas ciudades cada semana y era anfitrión de presentaciones para públicos cautivos. El objetivo de estas presentaciones era hacer que el público llevara a cabo ciertos actos específicos. Al parecer no era yo muy bueno haciendo estas presentaciones, y fue un despertar muy duro para mí.

Al final de cada presentación, mis promotores me escoltaban a la habitación de un hotel y me decían todo lo que había hecho mal. Sin duda, siempre tenían una larga y humillante lista de cada error que había cometido: me había encorvado, había balbuceado, no paraba de hacer movimientos con mis manos y olvidaba deshacerme del chicle. Aburría a todos en la sala, incluso a mí mismo, y en ocasiones me perdía en mis propias historias. Mis ejemplos no fueron relevantes, tenía la molesta costumbre de seguido decir "um" y era fácil darme cuenta cuando una persona bostezaba o se ponía a ver la hora en sus relojes, lo cual sucedía frecuentemente. De hecho, durante una particularmente terrible presentación, anuncié que había llegado la hora de un breve intermedio, y al terminar tal descanso ¡menos de la mitad del público regresó! El hecho de darme cuenta de que mi público prefería salir al baño para librarse de mí y de mis presentaciones fue una tortura aleccionadora, por no decir más.

En las encuestas sobre mi desempeño, al final de las presentaciones los asistentes alegaban que yo era "un obvio vendedor, poco creíble y que parecía no saber de qué hablaba". ¿Y las acciones que los asistentes deberían ejecutar después de asistir a alguna de mis presentaciones? No sólo estaba fallando en persuadir a otros del valor de la acción, sino también me olvidé por completo de reforzar el llamado a la acción. Esto hizo que muchas personas gastaran su tiempo y su dinero en vano, y mis promotores amenazaban con despedirme. No creía en mí, mi audiencia tampoco lo hacía, ni en mí ni en mi mensaje, y mis promotores me sugirieron intentar trabajar en algo distinto. Hice a un lado el darme por vencido, y decidí comprometerme verdaderamente a mejorar mis habilidades y exceder las expectativas de mis promotores.

Examiné críticamente las razones tras mi fracaso. No estaba siendo claro a la hora de explicar el "por qué" tras mis llamados a la acción, tampoco creía enteramente en mi mensaje, y mi confianza estaba por los suelos. Recuerdo vívidamente estar parado frente a un público en una sala y ser testigo del aburrimiento que provocaba en aquellas pobres personas que habían tomado la errónea decisión de ir a verme hablar. Una mujer incluso hacía figuras de origami, en una mesa, cuatro personas jugaban un torneo de "ahorcado", otras seis personas bostezaban y un chico roncaba tan fuerte que asustó a quienes se encontraban a su alrededor (aunque para ellos fue entretenimiento para su monotonía). Quienes me ponían atención parecían horrorizados de mi ineptitud, a excepción del caballero que se encontraba justo a mitad de la sala, quien ocasionalmente se reía de mis desatinos. Ahora que miro hacia atrás, me sorprende que nadie me haya apedreado o aventado bolas de papel y galletas de la charola de bocadillos de la tarde.

Era obvio que tenía que estudiar y trabajar fuertemente para aprender a persuadir a mi público para que tomaran acción que yo deseaba que hicieran. Eventualmente, me di cuenta de que, para producir cambios voluntarios, tenía que saber con exactitud qué era lo que quería comunicar y también cómo decirlo, y entonces predicar mi mensaje de una forma tan impactante e inspiradora en la que explicara auténticamente el "por qué".

Comencé a pensar realmente en qué podría influenciar a mi audiencia a tomar acción de lo que mis promotores querían, y comencé a experimentar con variadas técnicas de presentación. Obtuve algunos libros de expertos de aquel entonces y vi videos de oradores que admiraba. Hice uso de un tono de voz más fuerte, hice pausas poderosas y me envolví de autoconfianza. Ocasionalmente, hacía preguntas inesperadas para mantener cautiva a la audiencia. Incorporé pequeños ejercicios y encuestas grupales que fortalecerían mis competencias y los puse en marcha para hacer llamados a la acción. Caminé más a mi alrededor, usé ganchos verbales y señales que reforzaron mi mensaje principal, y sin ser repetitivo, "les dije lo que les tenía que decir. Lo dije, y lo dije, y se los volví a decir" – todo lo hice mientras les recordaba el "por qué" en una forma verdadera y auténtica.

Tomó algún tiempo, pero tras pasar algunos meses realmente enfocado en lo mío y cambiando aquello que me hacía ser un terrible presentador y aprendiendo de otros que tenían demasiado que enseñarme, mis promotores ya no deseaban más despedirme. De hecho, comenzaban a mostrarse satisfechos con mis mejoras y mis resultados. Aprendí a presentarme a mí mismo y a mis mensajes de formas auténticas, di un giro a las creencias de mi público y los persuadí a dar un paso a la acción. Estaba creando cambios voluntarios.

En capítulos anteriores, hablé de la importancia del cambio voluntario. Debes recordar que el propósito de la persuasión es cambiar las actitudes y comportamientos de otras personas. Para crear un cambio como este debes impactar a tu público a un nivel de creencias porque las personas sólo deseamos cambiar voluntariamente cuando cambiamos aquello en lo que creemos. Nada tiene mayor impacto en las creencias de la gente que la percepción de que se les ha hablado con la verdad.

Los grandes líderes no temen decir la verdad, incluso si esta resulta dolorosa. Si hay una regla de oro para la comunicación persuasiva, es la siguiente: *¡No engañes a otros!* Uno de los mayores problemas en el mundo de los negocios son los rumores corporativos y las habladurías, los cuales impactan en las actitudes y comportamientos de los empleados. El giro negativo que este fenómeno produce es usualmente el resultado de percepciones distorsionadas sobre lo que realmente sucede, y cuando eso sucede, las falsas percepciones se vuelven una realidad.

Comunicarse a un nivel de creencia implica una alta dosis de "por qué" constante. El "por qué" es comunicado al explicar el valor y el propósito, elementos que perseguiste diligentemente en tu proceso de lograr tener mayor claridad en tu visión. Las mismas características que te llevaron a ti a creer en tu visión harán que *otros* también crean en ellas. Comunicar el "por qué" para crear oferta.

Elemento De Persuasión #2: Crea Un Poderoso Ejemplo Mediante Tu Propio Comportamiento

Jack Welch es el ya retirado pero legendario CEO de General Electric. Welch vivió bajo el principio de establecer un ejemplo de la conducta que él esperaba reproducir en su equipo. Welch deseaba persuadir a sus asociados a ser energéticos e inspirar a otros a serlo. Podía verse a Welch constantemente mostraba energía desde su propio comportamiento, misma que el traducía como la habilidad de ejecutar. Welch era un experto usando la comunicación y la motivación para mostrar su propia energía. Welch buscaba proactivamente formas para hacer sentir su presencia. Llevó regularmente a cabo la práctica de enviar notas escritas a mano no sólo a quienes se reportaban directamente con él, sino a todos los trabajadores de todo General Electric. Escribía notas espontáneas y personales con su pluma negra de punto fino desde su oficina presidencial. Al terminar de escribir las notas, las enviaba por fax a sus destinatarios y las notas originales estarían pronto en las manos de aquellas personas. Al hacer esto pudo demostrar su voluntad y compromiso de invertir su energía personal en aquellos que necesitaran ser persuadidos para seguir su ejemplo.

Welch deseaba que su equipo poseyera muchas otras características, y si él mismo no demostraba estos tratos en su propio actuar, no se sentiría hoy en día orgulloso de todo lo que posee. El más grande logro de Welch fue persuadir a un equipo de casi 300,000 personas a cambiar voluntariamente sus comportamientos para salir adelante hacia la misma dirección con el mismo entusiasmo y bajo el propósito de exceder todas las expectativas. Durante los diecisiete años que trabajó para General Electric, Welch presidió con asombroso éxito mientras los CEO´s de otras compañías caían como moscas. Encaminó a General Electric a obtener ingresos récord. Noel Tichy, un observador veterano en General Electric y profesor también de la Universidad de Michigan, dijo sobre Welch: "Los dos mejores líderes corporativos de este siglo son Alfred Sloan de General Motors y Jack Welch de General Electric. Y Welch resultaría ser el mejor de ellos dos, ya que fue él quien implementó un nuevo y contemporáneo paradigma para la empresa, mismo que es modelo del Siglo XXI. El paradigma que Welch estableció se basa en la persuasión y en el ejemplo.

¿Alguna vez has escuchado la expresión "Lo que haces habla tan fuerte que no puedo escuchar lo que dices"? Se trata de una famosa cita de Ralph Waldo Emerson, el ensayista americano, filósofo y poeta quien vivió a mediados del siglo diecinueve. La observación de Emerson fue una realidad en 1850, y hoy en día, se mantiene. Tan sólo un 7% de la comunicación y persuasión es oral. El otro 93% es el resultado de lo que la gente ve y siente basándose en el tono y en otras pistas no verbales; así que, si deseas persuadir a otros a ayudarte y haces cosas que cautiven su voluntad de exceder las expectativas, será de gran importancia que practiques excediendo tus propias expectativas. Nada persuade mejor que un líder que pone el ejemplo correcto para su equipo, sus hijos, sus socios y sus colegas.

Elemento De Persuasión #3: Muestra Confianza En Lo Que Dices Y Haces

Rebecca es Directora Creativa Asociada en una agencia líder de Publicidad. Para ser más claros, ella trabaja en el departamento de desarrollo de negocios de su empresa y es parte del equipo responsable de los aspectos creativos de propuestas y discursos para clientes potenciales. Cada cliente nuevo representa varios miles de dólares de ganancia para la agencia, por lo que las ideas presentadas en las propuestas deben ser únicas y poderosas.

Durante la fase inicial de intercambio de ideas del proceso de desarrollo de propuestas, trabajó con otros miembros del equipo creativo para crear nuevas ideas y conceptos. Algunas serían utilizadas y otras descartadas. El intercambio de ideas es un ejercicio colaborativo, y pronto se dio cuenta que sus ideas no estaban obteniendo la atención de los demás y que estaba siendo excluida en el área de discursos. Esto estaba creando impacto en su reputación como pensante innovadora, algo vital para lograr un éxito a largo plazo en el mundo de la publicidad, especialmente cuando las ganancias de la compañía están en juego. Sus ideas eran frescas e innovadoras, entonces ¿cuál era el problema?

Me senté en calidad de observador durante una de sus sesiones de lluvia de ideas. Era un circo de fuertes personalidades, de personas hablando y pensando con rapidez. Mientras los otros creativos sacaban sus ideas a flote y exploraban opciones animadamente, Rebecca se sentó calmadamente a un lado, haciendo movimientos con sus manos y visiblemente nerviosa. Sus intentos de unirse a la conversación eran generalmente ignorados, y cuando lograba hacerse escuchar, decía "lamento interrumpir", "puede que ya hayan pensado en esto", o "no sé si es esto lo que el cliente busca, pero…" sabía perfectamente bien que sus ideas eran nuevas y excitantes, pero no quería parecer arrogante o que presionaba mucho. Como resultado, las personalidades más fuertes y sus altas voces comenzaban a armar el discurso y esto afectó su desarrollo y éxito personal.

Trabajamos en crear más confianza en ella, mediante su lenguaje corporal y sus expresiones verbales. Cesó de disculparse al presentar sus ideas y aprendió a hacer uso de un tono de voz más fuerte. Comenzó a creer firmemente en lo que tenía para dar y se hizo escuchar por los demás. Aunque no todas las ideas que presentaba eran aceptadas para cada discurso, comenzaba a obtener consideración y respeto, e hizo mucho para ayudar a dar forma a varios discursos ganadores. Su gerente ha sugerido ascenderla como Director Creativo debido a las ideas creativas que ha aportado y han sido usadas por muchos de sus clientes. Específicamente, tuvo la idea de presentar la Pasta Dental de uno de sus clientes en un Reality Show Televisivo de alta audiencia, y solicitar a las mismas, ideas para nuevos sabores mediante una encuesta en línea. Esta idea incrementó la exposición de la marca y del programa televisivo, y ambos compartieron una considerable audiencia que encontraba la idea como algo entretenido. El éxito de esta idea dio como resultado una mayor audiencia para el programa y aumentó el mercado del cliente.

La habilidad de presentarte a ti mismo, tus solicitudes e incluso tu visión con confianza es otra pieza no verbal de la fórmula de la persuasión ¿y por qué? Bueno, se debe a que la percepción de que una persona con confianza en sí misma sabe lo que hace y puede confiarse en ella. La confianza es un producto natural de la certeza.

Si haces todo lo que te he sugerido en capítulos anteriores para lograr tener claridad y concentración, te llenarás de confianza en tu visión y otros lo percibirán como tal. La confianza se produce comprendiendo el valor y propósito de tus "por qué".

Hay otra clave única en relación a la confianza que me gustaría compartir. Para algunos resulta complicado llevarlo a cabo, pero tener la habilidad de *hablar con autoridad* sobre lo que deseas persuadir a que otros hagan es de fuerte incremento para la confianza. La gente lee mucho acerca del significado entre lo que se dice y lo que no se dice. Puede que frecuentemente te encuentres tentado a dar una opinión menos asertiva sin la intención de ser arrogante. Estas preocupaciones son válidas y hay un tiempo y espacio correcto para ellas. Cuando deseas persuadir a que otros para que hagan algo que implique un cambio voluntario en ellos respecto de su comportamiento, la confianza es una percepción más poderosa que la humildad. Cuando dices cosas como "me falta mucho que aprender de esto" o "debes saber más de esto que yo", indudablemente estás saboteando tu propia confianza. La gente quiere un líder que sepa lo que hace.

Recuerda, *es tu visión ¡y es tuya!* Conoces su valor y su propósito, y sabes qué se necesita para ponerla en acción. Confía en lo que le pides a otros que hagan.

Resumen

A medida que vayas tras tu visión y la ejecutes, necesitarás de vez en cuando apoyarte en la ayuda de otros. Tu habilidad de comunicar la autenticidad de tu visión (su propósito y su valor) afecta directamente tu habilidad de persuadir a otros para asistirte voluntaria e incondicionalmente. Más allá de simplemente obtener ayuda, necesitarás, sin embargo, inspirar a que los demás excedan las expectativas, algo que sucede al inspirarlos a medida que logras cristalizar tu visión. Tener la habilidad de presentar tu visión con honestidad y claridad es la clave para crear este cambio voluntario.

El siguiente capítulo hablará de la segunda pata del tripie de la ejecución: *la producción*. La producción es completar tareas y proyectos en lapsos de tiempo reducidos, y es exitosamente acelerada mediante un concepto descrito en el Capítulo 7 que te permitirá manejar los aspectos en paralelo, ajustar el proyecto a medida de tu progreso y lograr mejores resultados.

Puntos Muy Importantes

- La claridad, concentración y ejecución son partes iguales del proceso de Aceleración Estratégica. La claridad y la concentración fusionadas forman la base de la ejecución. Aunque las tres son importantes, la más significativa es la ejecución ya que la ejecución se trata de hacer. La claridad y la concentración brindan un mapa que parte de la base de hacer lo que necesitas hacer, pero la ejecución se trata en realidad de hacerlo, y es ahí donde pasarás la mayor parte de tu tiempo.

- Más allá de tu propia visión, necesitas de la asistencia y cooperación de otros para tener éxito, y tu habilidad de persuadir tiene mucho que ver con la voluntad de otros para no sólo asistirte, sino para también exceder sus expectativas. Cuando puedes persuadir a otros a exceder las expectativas, llevas la acción a un nivel más alto y realmente mueve la aguja de resultados.

- La gente más exitosa puede convencer de forma efectiva y persuadir a otros a tomar acción en nombre de ellos. lo hacen sabiendo lo que quieren decir y cómo quieren decirlo. Es así como logran hacerlo de una forma que impacte a otros y los lleve a tomar acción.

CAPÍTULO 7

Producción antes que Perfección

Para evitar la procrastinación y obtener resultados más rápidos, concéntrate en comenzar en vez de terminar, entonces continúa a ese ritmo.

En el Capítulo 6, hablé de la primera pata del tripie de ejecución: la persuasión. El éxito de tu visión depende de tu habilidad de inspirar a otros a efectuar cambios voluntarios y exceder expectativas mientras te ayudan a alcanzar tus objetivos. Comunicar auténticamente el propósito de tu visión y su valor es una persuasión efectiva, la cual te prepara para la segunda pata del tripie de la ejecución: la producción.

La producción puede definirse como completar tareas y proyectos en breves periodos de tiempo. Es obvio que, si puedes concluir un trabajo en una menor cantidad de tiempo, los resultados saldrán a flote más pronto. De todas las cosas que puedes controlar hablando de tu producción, hay un hábito de mayor impacto en cuanto a dar resultados que otro: *la procrastinación*. Todos hemos pecado de procrastinar en algún punto. Estos son dos tipos de procrastinación:

1. **Procrastinación Positiva**: Esto es cuando necesitas un tiempo de "filtración mental" para reunir pensamientos y obtener claridad en lo que debes hacer.

2. **Procrastinación Negativa**: Se basa en un montón de lindas excusas

para evitar hacer algo, lo cual indudablemente afecta tus resultados de manera negativa. Mientras la procrastinación positiva puede ser benéfica, necesitas deshacerte de la procrastinación negativa para ser más efectivo y concluir las cosas más rápido. Mi concepto de "Producción Antes que Perfección" (PBP por sus siglas en inglés) descrito en este capítulo, es la solución a la procrastinación negativa y el catalizador de mejores resultados. Una vez comprendiendo el PBP, te maravillarás de los resultados que obtendrás.

> *"Cada negocio, trabajo y proyecto productivo tendrá sus dificultades, responsabilidades y aspectos no placenteros.*
> *Presionar y superar estos factores es parte importante del sentimiento de donde provienen los logros"*
> —Darren Hardy, publicista de SUCCESS Magazine

No puedes producir resultados hasta que comiences a hacer algo. Si no haces nada, es justo lo que obtendrás: ¡nada! En los últimos veinticinco años he desarrollado una forma de trabajar que me ha permitido lograr más de lo que creía posible. Mis logros para manejar tareas y proyectos se centran en mi concepto PBP, que es un antídoto poderoso para la procrastinación negativa, y es quizás la estrategia más importante que uso a diario. PBP se basa en una simple premisa:

> ¡No tienes que contar con todos los hechos y detalles acerca de algo antes de comenzar a trabajar en ello!

Antes de que hable más acerca de cómo desplegar esta estrategia, necesito, de cualquier modo, advertirte: *Una vez comenzando a practicar PBP, harás las cosas de un modo que entrará en conflicto con la forma de pensar del 90% de las personas de este planeta, y encontrarás resistencia.*

PBP no es algo natural para muchos, y escucharás cantidad de objeciones que hablarán del por qué necesitas esperar antes de hacer algo. La espera y la Aceleración Estratégica no son compatibles. Cuando esperas, sólo quemas tiempo que jamás recuperarás. PBP puede ser difícil de implementar ya que requiere de mucho cambio a voluntad, aun cuando los cambios requieran deshacerse de acciones que no funcionan. Debes ser persistente y persuasivo para inspirar a otros a creer en el concepto PBP, y ello depende de las lecciones aprendidas en el Capítulo 6.

> *"Debes ser persistente y persuasivo para inspirar a otros a creer en el concepto **PBP**"*

Hace no mucho, veía *Buscando a Nemo* con mi hija más pequeña. Se trata de una película animada que habla sobre Nemo, un pequeño pez que se pierde y es buscado por su padre, Marlín, con la ayuda de su amiga Dory. Casi al final, cuando padre e hijo se reúnen, Dory es capturada de pronto junto con otros cientos de peces en una red. Aunque Dory es demasiado grande para nadar a través de la red, Nemo es capaz de unirse a ella y a los otros peces, e intenta decirles qué hacer para liberarse. Marlín entra en pánico porque siente que su hijo está en peligro, pero Nemo lo persuade a darse cuenta de que puede ayudar a salvar a los peces atrapados, especialmente a Dory, y entonces Marlín se tranquiliza. Nemo persuade a su padre para que también ayude a decirles a los peces atrapados lo que deben hacer, y entonces mientras Nemo toma acción hacia dentro de la red, Marlín lo hace desde fuera, y juntos persuaden a los peces a "nadar hacia abajo" todos juntos. Al principio hay caos y pánico, pero eventualmente los peces comienzan a escuchar y a creer en Nemo y Marlín, y nadan hacia abajo. La red comienza a moverse hacia la profundidad del océano en vez de hacerlo hacia donde el bote los espera. La combinación del peso y la presión de la red llena de peces nadando en dirección opuesta del bote causan la ruptura de la misma, y los peces quedan libres.

Este ejemplo capta la dificultad de persuadir a otros a cambiar sus comportamientos, pero demuestra también el poder del cambio. El peso de un solo pez resultaba insignificante comparándolo con un pesado peso de un bote de pesca, pero cuando ellos combinaron la creencia y el esfuerzo, los peces pudieron triunfar juntos. De no haber sido así y de haber ellos esperado, estarían ya servidos en nuestros platos, sin embargo, debido a que actuaron cuando necesitaban hacerlo, y debido a que la persuasión fue suficiente para influenciarlos a tomar acción, sus vidas fueron salvadas.

El Problema de la Procrastinación

La idea de que todo debe ser perfecto antes de continuar puede ser utilizada para apoyar y justificar la procrastinación. La idea principal de PBP es esta: Actúa primero ¡y perfecciónalo después! Te daré técnicas específicas que te ayudarán a comenzar a practicar PBP, pero primero quiero hablar del problema de la procrastinación.

No hay característica humana que restrinja los resultados y la efectividad a mayor nivel que la procrastinación. Si deseas acelerar tus resultados, no hay espacio en tu vida de negocios para la procrastinación negativa. Muéstrame a una persona que fracasa continuamente en obtener resultados superiores, y te mostraré a una persona que procrastina demasiado. Sin embargo, esa persona puede no *pensar* de sí misma como tal, debido a que parece tener cientos de buenas razones para no hacer las cosas *hoy*. Los procrastinadores son expertos en justificar su falta de acción y pueden convencer hasta a los observadores más dudosos que la mejor estrategia es esperar.

No quiero desplomar tan rudamente a los procrastinadores porque han desarrollado sus habilidades de procrastinación durante un extenso periodo de tiempo ¿recuerdas que hablamos de la ventana de creencias en los primeros capítulos de este libro? Bien, los procrastinadores creyeron realmente en que las excusas que tenían para no hacer las cosas cuando debían eran válidas, y por esa razón, la procrastinación es el resultado de una errónea forma de pensar y una errónea idea de que algo es cierto. La mayoría de los procrastinadores no *creen* estar procrastinando; piensan que están siendo prudentes y cautelosos, lo cual les ayuda a hacer un mejor trabajo cuando finalmente estén en ello.

Soy una persona impaciente por naturaleza. Aunque algunas veces mi equipo me vuelve loco, pienso que de hecho es una característica positiva porque me lleva a hacer las cosas de inmediato ¡mi vida gira en torno a PBP! Algunas veces, sin embargo, necesito ser estratégico y manejar mi impaciencia. Debo programarme para ser paciente y dejar que las cosas fluyan, que maduren y ponerlas en marcha. *La Paciencia Estratégica* es la habilidad de manejar la paciencia propia para asegurar que esto no afecte la ejecución convirtiéndose en procrastinación. En vez de ello, debe ser usada como herramienta para motivarte a tomar acción y hacer las cosas.

Identificando los Fundamentos de la Procrastinación

Puede que algunos de las declaraciones siguientes te sean familiares. Puede que los hayas escuchado de otras personas, o puedes haber creído en más de uno de ellos en determinado momento. Si sientes una afinidad personal con estas declaraciones, te sugiero que pienses seriamente en la posibilidad de que eres un procrastinador. Aquí hay cinco declaraciones que refuerzan los fundamentos de la procrastinación.

• • •

1. "Puedo hacerlo mañana"

Esta puede ser la justificación más popular y frecuente para la procrastinación. La razón por la cual es tan popular es porque el mañana suena muy cercano al día de hoy. Esperar a mañana no parece ser un buen trato. Esperar un día más no molestará a otros, y seguramente hay variedad de razones que pueden ser creadas para justificar el retraso. El clima probablemente mejore mañana. Probablemente me sentiré más descansado para mañana y así haré un mejor trabajo. Y puede también que necesites hacer algo más importante ahora. La lista puede ser eterna, pero creo que comprendes el punto. Cuando una persona decide dejar algo para mañana, hará que otros hagan lo mismo, porque deben esperar a que esa persona lo termine –y si todos esperan a mañana para lograr concretar sus proyectos, a todos esos mañanas pueden irse añadiendo muchos, muchos más días y el proyecto se concretará muy tarde–. El efecto acumulativo de esperar hasta mañana puede tener un impacto dramático en los resultados.

Mi amiga Emma es una Jefa de Proyectos altamente calificada, pero tiene una gran aversión para tomar llamadas, debido a que es ligeramente tartamuda y prefiere ensayar y pensar antes de ahondar en cualquier conversación que necesite tener. También le gusta escribir puntos estratégicos que le ayuden a mantenerse en la frecuencia y estar concentrada. Ella admite sin problemas que este ritual de práctica y documentación consume tiempo y puede que sea un justificante para no hacer lo que necesita hacer, pero no quiere: hablar por teléfono, y porque puede que la persona que está del otro lado del mismo detecte su tartamudez. Ella teme parecer estúpida. Le pregunté si ella pondría en cuestión la inteligencia de una persona tartamuda y su respuesta fue: "¡Por supuesto que no! pero nunca sabes lo que pueda pensar la gente". Emma limitaba su productividad pensando en detalles no importantes y no creyendo en sus propias capacidades.

> *"El efecto acumulativo de*
> *esperar hasta mañana puede tener*
> *un impacto dramático en los resultados."*

Aunque este hábito de sobre preparación no es usualmente un aspecto terrible de su vida y es normalmente solo un inconveniente para ella misma, recientemente tuvo un gran efecto en su éxito. Después de una serie de excepcionales entrevistas para un nuevo puesto con una gran compañía, un puesto que pudo haber elevado su carrera y hacerle recibir un mayor sueldo, recibió una llamada del empleador. En vez de llamarlo de vuelta de inmediato, le tomó un día pensar en lo que podría preguntarle y lo que ella podría responderle, y también en cómo manejar las preguntas inesperadas. Para entonces ya era viernes por la tarde, así que decidió esperar al lunes. "Puede estar ocupado esta tarde de viernes", pensó, y cuando finalmente reunió el coraje para llamarlo el día lunes alrededor de la hora de la comida, se impactó al escuchar lo siguiente: "Bien, Emma, considero al hecho de no devolver una llamada como una falta de interés en el puesto. Justo esta mañana le ofrecí el puesto a un candidato que considerábamos nuestra segunda opción". Su procrastinación le costó un trabajo, y es algo de lo que se arrepiente y en lo que piensa muy frecuentemente.

Por otro lado, ha aprendido a obligarse a ser más pausada en las llamadas telefónicas y menos juzgativa en sus percepciones. Ahora devuelve todas las llamadas a primera hora por las mañanas, antes de degustar su café o revisar su correo electrónico, y como resultado, su productividad y confianza han ido en aumento. Quizá su próxima oferta de trabajo no la dejará pasar como la anterior.

Esperar a mañana es un simple pretexto para retrasar la acción. El problema con hacer las cosas hasta mañana es que el mañana es siempre un día más. En mi experiencia, puedo decir que cada día está cargado de nuevas oportunidades y cosas para hacer. Si nos enfrascamos en completar el trabajo que dejamos pendiente ayer, nos perdemos de las oportunidades de hoy.

2. "No tengo todo lo que necesito, así que esperaré."

Este es una declaración muy popular utilizada para justificar la inacción y la espera. Suele ser una excusa que la gente de ventas utiliza para evitar hacer llamadas telefónicas a sus prospectos ¿has escuchado alguna vez alguno de las siguientes declaraciones?

- "No puedo llamar a Frank hasta que tenga nuestro nuevo folleto comercial."
- "No puedo escribir el comunicado de prensa hasta que nuestra nueva línea de producto sea anunciada."
- "No puedo pensar en los próximos requisitos de inventario hasta que conozcamos la nueva póliza de precios."
- "No puedo responder el correo de Sam hasta que tenga las respuestas a todas sus preguntas."

Hay muchas cosas por las que puedes esperar para no ejecutar la acción necesaria ¡y es posible que *nunca* tengas algo más que hacer tu vida entera! Algunas personas pueden incluso tratar de hacerlo y sufrir frecuentes cambios de carrera por ello. La verdad es que siempre puedes *tomar* cualquier tipo de acción, independientemente de la lista de cosas que creas necesitar antes de comenzar. Todo lo que debes hacer es ser honesto al respecto y pensar en lo que puedes hacer hoy. No esperes a tener todo lo que creas necesitar antes de comenzar a hacer las cosas.

Otra forma de pensar respecto a estas declaraciones puede ser:

- "Aunque no cuento ahora con nuestro folleto comercial, sé que estará listo en esta semana, así que llamaré a Frank para recordarle que será cuestión de tiempo para que reciba su orden y mencionarle que tenemos nuevos materiales para que le dé un vistazo, y programaré una cita para comer la siguiente semana."
- "Aunque nuestra nueva línea de producto no ha sido anunciada, he escrito muchos comunicados de prensa y puedo comenzar con este ahora, dejando espacio para las especificaciones. Una vez que cuente con ellas, será cuestión de añadirlas en no más de cinco minutos, y entonces podré ya enviarlas."
- "Aunque la nueva póliza de precios es importante, aun así, necesitaré el inventario para el siguiente trimestre, así que continuaré y daré un vistazo a los reportes anteriores y a los pronósticos basados en las necesidades contra los gastos, por ahora; así contaré con un fundamento con el cual trabajar una vez que la póliza esté lista."
- "Puedo no tener todas las respuestas a las preguntas de Sam, pero haré una nota para él haciéndole saber que trabajo en ellas y que tendré una mejor respuesta a finales de semana. Le tranquilizará saber que no lo ignoro y esto me permite priorizar mis deberes."

Cuando trabajas en progresos paralelos ninguno de los elementos serán 100 por ciento perfectos. Sin embargo, en la mayoría de ocasiones están más cerca de la perfección, y el tiempo, esfuerzo y recursos requeridos para incorporar lo necesario para hacerlos perfectos –pequeños ajustes y modificaciones– fue minúsculo comparado al proceso normal de meses. El punto es el siguiente: *Aun pensando que no tienes todo lo necesario, comienza a hacer las cosas.* Si necesitas arreglar algo después, tendrás el tiempo para hacerlo, y habrás avanzado en tu proyecto más de lo que hubieses avanzado de haber esperado.

3. **"No puedo hacerlo a la perfección, así que esperaré."**

Esta excusa no tiene mucho sentido si te haces esta interrogante: ¿Hay *algo* que realmente podamos hacer a la perfección? Yo pienso que no ¿o qué me dices de esto?: ¿Sientes ser capaz de hacer algo a la perfección antes de poder estar dispuesto a actuar? Si esta es tu actitud, estás en serios problemas, porque nunca podrás hacer nada a la perfección.

Otra variante del engaño de la perfección es esta: "Necesito investigar más sobre esto hasta tener todo lo necesario". Esta excusa es efectiva porque ¿quién puede criticar a alguien por el simple hecho de investigar para hacer las cosas a la perfección? Un buen procrastinador con habilidades para investigar puede dar una imagen de productividad sin ser productivo. Mi opinión personal es que a menudo, no sabes qué es lo que necesitarás hasta que comiences a hacer algo. Pienso que hacer las cosas saca a la luz cosas específicas que en verdad necesitas y que no pudiste haber tenido contempladas, aunque hubieses esperado.

Trabajo con un exitoso y talentoso editor de libros de negocios que dijo lo siguiente: "Llegué a pecar de procrastinador investigando. Cuando me interesaba en persuadir a algunas personas de negocios para que escribieran un libro, trataba de investigar todo acerca de esa persona (¡y esto fue mucho antes de que Google facilitara las cosas!) pero lo que debí haber hecho fue tan sólo haber tomado el teléfono o escribir una buena carta de propuesta, diciendo: "He leído el día de hoy el artículo que habla de ti en el *New York Times* (o del *BusinessWeek* de esta semana), y me siento intrigado acerca de la concentración de gestión que has descrito. Me pregunto si has considerado escribir un libro…" y entonces supe todo lo que tenía que saber sobre esa persona para poder convencer a mis colegas de que ese CEO o Gerente sería un gran autor con una interesante historia que contar."

Concentrándose en la acción en vez de los *detalles* que realmente no ayudaban del todo al comienzo del proceso de adquisición de libros, pudo dar directo con lo importante del asunto ("Tienes una historia irresistible ¿te gustaría escribir un libro"?) y se deshizo del tiempo perdido –y a menudo persuadía a esos CEO´s a trabajar con ella por haberlos contactado en seguida en vez de esperar, por ejemplo–. Procrastinación –a saberlo todo de ellos y así poder darle el discurso "perfecto". A menudo, la primera llamada es la mejor llamada.

4. "No tengo tiempo ahora."

Debo reconocer que algunas cosas requieren de más tiempo para completarse del que podamos creer tener en algún momento en particular; es esta la realidad que vuelve tan popular a esta excusa. ¿Por qué y cómo es que podemos comprender la idea de que debemos *terminar* algo antes de comenzar a trabajar en ello? Permíteme usar nuevamente un ejemplo escrito para mostrarte a lo que me refiero.

Un libro de No-Ficción es una colección de capítulos. Cada capítulo es una colección de ideas de un tema en específico. Cada idea puede tener subtemas. Cuando comienzo con el proyecto de un libro ¿cuántos libros podría terminar si creyera que tengo que terminar el libro entero en una continua sesión de trabajo? La respuesta es que nunca completaría ningún proyecto como tal si creyera que esto es necesario.

De hecho ¿cuántos *capítulos* de un libro podría completar si creyera que tengo que completar un capítulo entero en una sola sesión? Puedo decir que, de haber comprado aquella idea, mis libros se hubiesen presentado con muy pocos capítulos. De igual forma ¿cuántas ideas en un capítulo podría completar si creyera que tengo que desarrollar cada punto de una idea en una sola sesión de trabajo? Pienso que es sencillo comprender el punto del que hablo.

A veces cuento con muy poco tiempo disponible, y escribo algunas oraciones o un par de párrafos; sin embargo, aquellas oraciones y párrafos añaden contenido y poco a poco se convierten en capítulos, y eventualmente, termino escribiendo un libro. Contar con poco tiempo no es una razón válida para no hacer algo. Si tienes ahora treinta minutos, puedes dedicar treinta minutos a un trabajo que no tendrás que hacer más tarde. El resultado es que completarás proyectos más rápidamente y no serás víctima de la procrastinación, así que ignora a tu reloj y haz lo que puedas cuando puedas. Los resultados hablarán por sí solos.

5. **"Hay quien puede hacerlo mejor."**

Pienso que esta excusa final representa una escasez de confianza. Esta excusa es la excusa silenciosa que la gente se da a sí misma en privado. Algunos autores y psicólogos dicen que la procrastinación se basa en el miedo al éxito. No soy psicólogo, pero pienso que va más hacia el punto de que la gente le tiene miedo al fracaso más que al éxito. Enfrentémoslo –la gente no quiere verse mal, y ello los lleva a dudar y a tomar una posición en la que se puede fracasar–. La procrastinación es una herramienta usada por muchas personas porque les hace creer falsamente estar libres del fracaso. La verdad es que la procrastinación, eventualmente garantiza el fracaso.

¿Cuántas veces has notado que algo necesitaba hacerse, o algo necesitaba mejorías y aun así decidiste dejar que alguien más lo hiciera por no estar seguro de tu habilidad de hacerlo? ¿Cuántas veces has tenido lo que pensabas que era una gran idea y fracasaste en tomar acción por pensar que alguien más podría hacerlo mejor? Pienso que todos hemos pasado por situaciones como estas y hemos fracasado en tomar acción en cosas que pudieron haber sido grandes oportunidades para nosotros.

Martín, un asesor financiero de una gran firma, se especializa en crear estrategias inteligentes de retiro para sus clientes ricos. Tras un año de entrevistas y juntas con sus clientes acerca de lo que deseaban hacer con sus fondos, se dio cuenta de que la mayoría de las personas no entendían realmente lo básico sobre inversiones, fideicomisos, impuestos, etcétera. Por otro lado, la mayoría de la información y documentación disponible al público es pobre, complicada y meramente académica. Pensó entonces en crear un sencillo manual que se trataría esencialmente de un manual de "Retiro 101" que fuera valorado por sus clientes. De hecho, mencionó esto a varios de ellos, todos los que mostraron interés en una herramienta de lineamientos que mostrara de mejor forma lo que podían esperar durante el proceso. Pero Martín estaba estancado; él no era escritor, él no era coach ¡él era un asesor financiero!

Le preocupaba que el resultado final fuese terrible, ilegible o inútil "alguien más con un conocimiento más apropiado podrá hacer un mejor trabajo" pensó. Durante este tiempo, uno de sus clientes se mudó a otra ciudad y contactó ahí con un asesor de otra sucursal de la misma firma. Este cliente le mencionó la idea del manual de Martín, y aunque ese asesor no tenía experiencia escribiendo o entrenando, comenzó con el borrador de un manual amigable y lo hizo llegar al Vicepresidente. La idea fue un gran éxito y pasó al departamento de entrenamiento para ser modificada y patentada. El asesor que no era un experto en la rama obtuvo todo el crédito de la idea de Martín, creó una herramienta valiosa y elevó su reputación como un pensador proactivo.

Y aunque pienses que Martín reaccionó colérico ante el éxito de su colega, él decidió trabajar con él para desarrollar más herramientas educativas para los clientes, y ahora ambos colaboran regularmente en la creación de materiales innovadores. Su última oferta se trata de un Tablero de Pronósticos que permite a los clientes ajustar y modificar sus portafolios y ver resultados esperados a futuro en un simple formato gráfico, y buscan también oportunidades de inversión para hacer que este Tablero de Pronósticos esté al alcance de los clientes en sus dispositivos y teléfonos inteligentes.

Martín pudo haber perdido su oportunidad en primera instancia, pero por fortuna, fue lo suficientemente sabio para no dejar ir más. Él, también comparte el éxito que proviene de exceder las expectativas.

Si te das cuenta de que algo debe ser hecho y tienes la oportunidad de hacerlo, no permitas que alguien más tome ventaja de esta oportunidad. Sé valiente y da el primer paso. Si eres la primera persona en notar que algo debe ser realizado, eres probablemente la *mejor persona* que puede hacerlo.

> *"Si eres la primera persona en notar que algo debe ser realizado, eres probablemente la mejor persona que puede hacerlo."*

¡La Procrastinación Es Sólo Un Mal Hábito!

La procrastinación puede ser muchas cosas, pero más que nada es un mal hábito. Alguna vez alguien dijo "La repetición fortalece y confirma". Simplemente esto quiere decir que entre más hagas algo, más sencillo se vuelve. Creo que la gente aprende a procrastinar durante un largo periodo de tiempo, y entre más lo hacen, más sencillo se vuelve. Cuando practicas un hábito durante muchos años, se convierte en un acto de segunda naturaleza para ti, una aplicación negativa del Peldaño #4 de la Escalera de la Efectividad de la que hablamos en el Capítulo 4. Practicas el hábito a un nivel subconsciente, y eso no es el resultado de una decisión positiva consciente, es sólo una reacción automática que pareciera tener vida por sí sola.

Los hábitos requieren de tiempo para formarse, y una vez que están formados, son extremadamente difíciles de romper con ellos. No hay diferencia entre un hábito positivo y un hábito negativo. Un hábito es un hábito. Los hábitos positivos pueden ser tan naturales para ti como los malos hábitos. Si tienes el hábito de decir "gracias", es entonces algo que haces natural y espontáneamente. Si tienes el hábito de ejercitarte a diario, se vuelve parte de tu rutina. Mientras más te ejercites, más sencillo se vuelve. Si desarrollas el hábito de buscar *oportunidades* en vez de buscar *fracasos*, lo harás de forma natural. Se transformará en un hábito.

No soy partidario de complicar las cosas. Pienso que las mejores soluciones son usualmente las más simples, y cuando pensamos más allá de los problemas, podemos complicarlos aún más de lo que ya son. Muchas personas se revuelcan en sus problemas por mucho tiempo; es como si procrastinaran o mejoraran su bienestar complicando de más algo que deberían de arreglar. Pienso que los problemas habituales son fáciles de identificar y que las soluciones a estos problemas suelen ser simples. Si tienes el hábito de hacer algo destructivo, habrás aprendido tal comportamiento mediante la repetición. Si quieres deshacerte de un hábito destructivo, debes ejecutar hábitos opuestos el tiempo suficiente para permitirles reemplazar los destructivos. Hay un dicho de la cultura popular que dice así:

> Puedes tener tu postura respecto
> a las malas acciones, pero puedes actuar
> a tu manera respecto al buen pensamiento.

Esta declaración enmarca perfectamente la situación.

Desafortunadamente, hay personas muy protectoras de sus malos hábitos. Pareciera que piensan que son algo benéfico, y tienen miedo de dejarlos ir. He llegado a escuchar muchas veces estas palabras: "No sé qué es lo que haría si no pudiera _____ (llena tú el espacio)". Esta declaración capta el problema. La gente pareciera pensar que cambiar un hábito es un proceso de depravación. Cambiar un hábito pareciera ser como si perdiéramos algo que nos hace muy felices; y bien, es quizás esa la manera por la cual los hábitos parecen sernos útiles durante largos lapsos de tiempo. Creemos necesitarlos para mantenernos felices y cómodos. El hábito de la procrastinación no es distinto.

Creo que la procrastinación puede ser eliminada de la vida de cualquier persona si ésta sólo comienza a hacer lo opuesto a procrastinar. Hay ciertas cosas que puedes comenzar a hacer para deshacerte de la procrastinación. Si puedes crearte el hábito de hacerlas, la procrastinación no tendrá ya más cabida. Puedes hacer una comparativa entre deshacerte de la procrastinación y deshacerte de la hierba mala en tu jardín. Si tienes un jardín lleno de hierba mala, no irás a intentar deshacerte de cada una de ellas personalmente. Lo que deseas hacer es estimular el crecimiento de tu pasto, y si logras hacer eso, la mala hierba pronto se ahogará ¡permanentemente! No habrá espacio para que ésta crezca porque la estructura de tu pasto será fuerte. Tu patio tomará el "hábito" de hacer crecer pasto en vez de mala hierba.

En esta analogía del pasto creciente, permíteme hacer énfasis en que la clave del éxito consiste en, cómo es que ves estratégicamente el asunto de la mala hierba. Si te concentras en cómo deshacerte de la hierba, es ahí entonces donde debes poner tu tiempo, dinero y energía. Sin embargo, si te concentras en hacer crecer tu pasto, es ahí donde pondrás tu esfuerzo. Para triunfar sobre la procrastinación, te será de ayuda la misma actitud: no te concentres en cómo puedes dejar de procrastinar. En vez de eso, concéntrate en qué puedes hacer para lograr más. Si te concentras en hacer cosas que muevan la aguja de los resultados, el hábito de la procrastinación pronto quedará en el olvido. No habrá espacio para que se mantenga activo.

Si practicas PBP, comenzarás a desarrollar hábitos que se desharán de tu procrastinación. *Recuerda: PBP significa comenzar a hacer las cosas de inmediato, sin importar lo que necesites para hacerlo perfecto.* Puede significar que tengas que volver a trabajar en algunos detalles, pero seguirás haciendo las cosas más rápido. Si piensas que no tienes toda la información que necesitas ¡igual comienza! Si no tienes todas las herramientas que necesitas ¡igual comienza! Si haces algo que por cualquier razón sale mal, haz uso del error para que tu próximo intento sea mejor.

"Es mejor hacer algo imperfectamente
que no hacer nada perfectamente".
— Robert H. Schuller

Practicar el concepto PBP ha revolucionado mi vida y mis negocios. La premisa básica es que la procrastinación puede ser lanzada desde la ventana con el simple hecho de tomar acción *ahora*. Aún si no puedo hacer las cosas a la perfección hoy, está bien. Es obvio que una cirugía cerebral queda exenta de esta idea, pero en muchos casos, el nivel aceptable de calidad no es tan significativo como los resultados obtenidos al hacer las cosas al momento.

Me comunico periódicamente con mis clientes para saber por qué les gusta hacer negocios conmigo. Quiero saber si mantengo mi posición competitiva en su mira y qué es lo que puedo hacer mejor y más rápido para ayudarlos a ser más efectivos. Constantemente escucho a mis clientes decir que me dan contratos y proyectos porque saben que el trabajo se hará con rapidez, con fechas límite siempre cumplidas, si no es que concluidas mucho antes de lo previsto.

Admito que el ambiente de mi equipo de trabajo puede ser un poco frenético cuando tenemos que hacer un trabajo importante en poco tiempo, pero ellos comprenden la importancia de la velocidad, y harán lo necesario para cumplir con las fechas límite y exceder las expectativas del cliente. Terminar rápidamente un trabajo nos da la oportunidad de trabajar más, y tener más trabajo es sinónimo de tener más ganancias, mejor productividad y más beneficios. Debido a que nuestros planes de compensación premian la productividad y la velocidad, esto entonces, se traduce en más dinero para todos.

Ve Tan Lejos Como Puedas, Y Entonces Avanzarás Aún Más

El principio de ir tan lejos como puedas y poder ir más allá es la justificación básica para practicar PBP. Es también un concepto que tiene el poder de deshacerse de la procrastinación antes de que pueda florecer. La justificación básica de la procrastinación es la *presunta* necesidad de esperar hasta poder ver más. Si comienzas a tomar acción basándote en ir tan lejos como puedas, comenzarás a deshacerte de la procrastinación ¡porque siempre podrás ver algo! No tienes que comprender todos los detalles entre dónde estás y dónde deseas estar. Recuerda, la misión *Apolo* hacia la luna estuvo fuera de curso el 90% del tiempo, pero la NASA pudo hacer continuas correcciones para aterrizar en el punto perfecto. Si los ingenieros de la NASA hubiesen esperado a contar con la tecnología para mantener la nave en curso el 100% del tiempo antes de pensar en aterrizar, nunca hubiésemos logrado un exitoso aterrizaje en la luna.

> *"Si tuviese una idea fija*
> *respecto a una meta ¿no cree usted que*
> *ya la hubiese cruzado hace años?*
> — Bill Gates

Muchos de mis clientes son grandes corporaciones trabajando para la industria de la mercadotecnia. Estas compañías ofrecen oportunidades de carrera importantes para personas con deseos de comenzar sus propios negocios y ser extremadamente exitosas. Entre los socios de estas organizaciones hay un amplio rango de éxito. Estas compañías gastan mucho dinero, tiempo y esfuerzo intentando ayudar a sus socios a maximizar sus efectividades y volverse más exitosos. Los socios de estas compañías que tienen los más altos rangos de éxito son fieles al principio de ir más allá, y por ello pueden hacerlo. Crear un negocio directo de mercadotecnia es un proceso en el cual deben ser completadas ciertas tareas básicas:

- Se debe construir una base de clientes.
- Se debe crear una red de socios.
- Se debe adquirir experiencia y conocimiento del producto.
- Se deben aprender habilidades básicas de ventas.

Aquellos que fracasan en sus esfuerzos mercantiles directos, usualmente fallan en juntar las piezas básicas que aseguran su éxito. Intentan ir más y más lejos de lo que pueden, y pierden de vista lo que deberían hacer realmente en el ahora.

Una pregunta lógica sería: "¿Cómo determino lo lejos que puedo llegar?" La respuesta a esta pregunta se encuentra en el proceso que he hecho sobresalir respecto a la concentración, en los Capítulos 4 y 5. Recordarás que la mayor pieza de tal proceso era determinar factiblemente las condiciones actuales, algo que se hace identificando los aspectos estratégicos positivos y negativos. Mediante la identificación de estos factores, quedan expuestas una cantidad de cosas: oportunidades, deficiencias y actividades de alto apalancamiento en las cuales concentrarse. Concentrarse en estas actividades de alto apalancamiento es el punto de partida para ir tan lejos como puedas, y es la clave del éxito.

El Apéndice C te guiará para crear tu Plan de Acción de Ejecución, el cual te dará más visión sobre lo que necesitas hacer para maximizar tus esfuerzos actuales y asegurarte de no estar yendo más allá de donde estás. Como parte del Plan de Acción de Ejecución, completarás una Matriz de Más de/Menos de (MOLO por sus siglas en inglés) (Ejercicio 16, Apéndice C), la cual identifica aquello que necesitas hacer para producir el mejor de los impactos, al igual que lo que necesitas dejar de hacer para lograr tu efectividad

La Matriz MOLO te ayudará a mover la aguja de resultados al mostrarte:

1. Qué es lo que funciona y lo que no, a medida que te encaminas hacia tu visión.
2. Los cambios que necesitas hacer para ser más efectivo.
3. Las actividades de alto apalancamiento que merecen más de tu tiempo y esfuerzo.

Como parte de este ejercicio, serás guiado mediante cuatro preguntas descritas en las siguientes secciones.

1. ¿Qué es lo que necesitas para hacer más de?

Esta pregunta te ayuda a identificar qué es lo que debes continuar haciendo para elevar tus resultados.

Ava es una Directora de Ventas a quien se le ha encomendado la tarea de priorizar los esfuerzos de su equipo de ventas. Ella ha determinado que su gente necesitaba pasar más tiempo haciendo llamadas a los clientes prospectos. Los miembros de su equipo, sin embargo, no han estado haciendo esto del todo, y su nivel de experiencia fue marginal al momento de hacer este tipo de llamadas. Cuando su gente de ventas comenzaba a hacer estas llamadas, comenzaron a tomar experiencia entre lo que funcionaba y lo que no. Ellos también practican PBP porque hacen las cosas antes de poder hacerlas a la perfección ¡pero al menos están haciendo algo al hacer estas llamadas!

La experiencia marginal puede también ser descrita como no poder ver más allá hablando de resultados. Esta experiencia permitió al equipo de Ava ver más allá. Al hacer que su equipo hiciera más llamadas, han logrado cerrar un promedio de 37% más negocios en los pasados tres meses, con promedios semanales cada vez mayores.

2. ¿Qué es lo que debes hacer menos de?

Aquí identificarás qué es lo que haces que sólo te hace gastar tu tiempo o que no es efectivo.

En mi libro *Debemos Dejar de Encontrarnos Así* (disponible en la tienda de libros en www.tonyjeary.com), hablo de cómo las juntas no efectivas estancan en el tiempo y suelen contribuir a que los resultados sean nulos. Tengo un cliente que tenía una especial debilidad en esta área. No sólo hacía juntas poco efectivas, sino que hacía *demasiadas*, lo cual tenía un impacto directo y negativo en la productividad de su equipo. Además, la moral de sus empleados comenzaba a ser afectada: una encuesta corporativa indicó altos niveles de frustración respecto al tiempo de sus empleados y muy poco respeto por parte de ellos hacia los directivos. Finalmente, mi cliente se dio cuenta de que necesitaba hacer menos juntas en general y que las juntas que hiciera necesitarían llevarse a cabo de mejor manera.

Antes de comenzar a trabajar conmigo para lograr una mayor eficiencia organizacional, se declaró culpable de no prepararse y de hacer juntas improvisadas sin un objetivo fijo y sin restricciones de tiempo, sin tener ni seguir una agenda, sin comenzar ni terminar a tiempo, y de sentir que en realidad nada sucedía después de esas juntas que no fuera hacer más y más juntas. Le ayudé a trabajar bajo algunas normas operativas que ahora lleva a cabo en su propia rutina de juntas y que hace que su equipo también la siga. Algunos de estas normas incluyen:

- Cuando planeará una junta, incluir una agenda detallada en las solicitudes de juntas.
- Comenzar y terminar a tiempo, sin importar nada más.
- Designar a un encargado para tomar notas y así capturar los puntos

sobre los cuales tomar acción, y solicitarle entregar un resumen de todo esto después de cada junta.
- Crear un espacio para ordenar los elementos necesarios que surjan sin estar en la agenda.
- Preparar por adelantado todos los materiales necesarios y enviarlos al equipo antes de la junta.

Mi cliente ha creado una cultura de mayor eficacia en las juntas haciendo menos cosas que le quitaban tiempo (y el de su equipo). Ahora pueden concentrarse con mayor eficacia en sus objetivos principales. Una encuesta corporativa reciente indica que los miembros del equipo sienten hacer un mejor uso de su tiempo y en general, se sienten menos frustrados.

3. ¿Qué es lo que debes comenzar a hacer?

Esta pregunta te pide pensar en las cosas que no estás haciendo que podrían ser importantes para obtener mejores resultados.

Personalmente, sé que delegar efectividad tiene un tremendo impacto en mis resultados. Tengo un equipo de personas inmensamente talentosas que apoyan mi visión, y suelo pedirles ocuparse de mis asuntos en mi nombre. Algunos de los planteamientos que les pido que hagan incluyen:

- Pedir a mi equipo hacerse cargo de acciones (incluyendo correspondencia, llenado de documentos, correos, diligencias) que consumen tiempo que puedo invertir de mejor manera como líder.
- Hacer listas diarias que detallen acciones y prioridades.
- Tener juntas diarias de seguimiento para saber dónde estamos parados y para salir de cualquier callejón sin salida.
- Tomar nota de correos electrónicos con asuntos que digan "Acción Requerida" o "Se solicita una respuesta".
- Contratar socios o consultores externos cuando nos encontramos limitados de tiempo y experiencia interna.

Estimo que las tareas mencionadas me brindan al menos dos "horas extra" al día que puedo usar de mejor forma hablando con clientes prospectos y haciendo negocios. He creado una cultura en la cual los miembros de mi equipo piensan siempre en cómo hacer uso de sus tiempos de mejor forma mientras se comunican honesta y frecuentemente en cuestión de progreso y situaciones. Como resultado, somos eficientes y coordinados, capaces de exceder las expectativas de nuestros clientes y encarar al éxito (como era previsto) como resultado final. Cada año veo un incremento en las ganancias de mi compañía y un descenso en las ineficiencias que nos distraen del crecimiento.

4. ¿Qué es lo que debes dejar de hacer?

Aquí identificarás las actividades de bajo impacto que te hacen perder tu tiempo para así descartarlas de tus hábitos diarios. Estas actividades pueden ser mínimas, como pasar mucho tiempo en al teléfono con tus colegas, ayudar a otros en cosas no tan importantes mientras haces a un lado tus propias tareas importantes, preparar juntas ineficientes y en general, permitir que pequeñas cosas te aparten de tus objetivos primarios.

Estas actividades pueden ser *mayores*. En vez de estar delegando a tu equipo de trabajo, puede que estés gastando cantidad de horas al día en tareas que podrían ser llevadas a cabo de mejor manera por otros, y eso reduce tu habilidad de encararte con importantes fechas límite. Por ejemplo, en vez de devolver llamadas telefónicas al proveedor de la compañía de seguros, pide a alguien de Recursos Humanos hacerse cargo de ello. No hagas búsquedas básicas: pide a tu asistente hacerlo.

Puede que tu aprecio por la micro gestión esté causando resentimiento en tus colegas y retrasando el progreso debido a tu compulsión por mantenerlo todo al día. Solía trabajar con un compañero que constantemente bombardeaba a su equipo con solicitudes para sus actualizaciones. Cada día enviaba infinitos correos al equipo, detallando lo que habían logrado, lo que debía hacerse, el por qué aún no lo habían hecho y qué sucedería a continuación. Aunque una cultura de comunicación y actualizaciones de estado puede ayudar realmente a la productividad, *muchas* solicitudes pueden arruinar los ánimos y robar tiempo valioso. Después de recibir múltiples quejas de su equipo, ahora hace chequeos de estado una vez al día y la mayor parte del tiempo no necesita pedirlos. Ha creado un cambio voluntario al facilitar las cosas a su equipo, quienes de buena gana se comunican con él en vez de sentir que tienen un jefe intrusivo.

Quizás haya algunos cambios organizacionales difíciles que necesitan hacerse para el personal o para las perspectivas de responsabilidad; cambios que mejorarían toda la producción. En el pasado tuve que ejecutar la desafortunada tarea de dejar ir a mis empleados. En el área directiva, este no es más que un gaje del oficio, pero nunca es fácil. una vez tuve una empleada que era una persona excepcional, pero no era lo suficientemente eficiente para ir al mismo ritmo acelerado que mi organización. Su agonizante atención hacia detalles sin sentido reducía la productividad de los demás, y, además, no era lo suficientemente organizada y ordenada como necesitaba que fuera, y cuando faltaba (que lo hacía seguido) no podíamos encontrar rápidamente documentos importantes o elementos de seguimiento. Por suerte, tengo un amigo que opera una pequeña compañía y necesitaba una asistente de medio tiempo. Él contrató a esta persona, y fue un cambio para bien para ambos. En cambio, pude contratar a una persona que cumplía de mejor manera con las demandas de mi organización. Este cambio me libró de preocupaciones emocionales y permitió que el resto de mi equipo retomara la eficiencia que define aquello que ofrecemos a nuestros clientes.

Hay impedimentos reales en tu productividad, y deben ser expuestos. Más allá de identificarlos con honestidad, debes comprometerte a eliminarlos de tu rutina diaria. Puede sonar sencillo ¡pero los hábitos son difíciles de cambiar! Se necesita de una devoción real por parte tuya, así que, cuando comiences a desviarte, piensa en tu visión, en por qué deseas llegar a ella, y cómo el *perder el tiempo sólo te apartará de llegar a donde deseas*. Una vez que te deshagas de estas pérdidas de tiempo, tu concentración será mayor y serás capaz de encarar estas actividades de alto apalancamiento que nutren tu éxito.

Resumen

La procrastinación es un mal hábito que restringe enormemente los resultados y la efectividad, pero puede ser controlada. El primer paso es identificar las razones detrás de ella, y luego comprometerse a moverse hacia adelante en la producción, que es lo opuesto a la procrastinación. La producción es el hecho de completar tareas y proyectos en lapsos de tiempo reducidos, y se acelera enormemente mediante el concepto de Producción Antes de Perfección (PBP). Mejor que esperar a que cada aspecto de cualquier proyecto sea perfecto, el PBP te permite manejar los aspectos en paralelo, ajustar el proyecto a medida de tu progreso, y tener mejores resultados.

El concepto PBP resultará incómodo para algunos al principio, así que debes ser persuasivo y persistente para lograr un cambio voluntario. El siguiente capítulo te ayudará a alterar las actitudes y comportamientos de tu entorno mediante imágenes de influencia, un entendimiento que estimulará y aumentará tu poder de persuasión e incrementará la efectividad de tu comunicación.

Puntos Muy Importantes

- De todo lo que puedes tener control respecto a tu productividad, hay un hábito que tiene más impacto en retrasar tus resultados que cualquier otro: la procrastinación. Todos hemos procrastinado en algún punto. He aquí dos tipos:

    1. Procrastinación Positiva: Esto es cuando necesitas un tiempo de "filtración mental" para reunir pensamientos y obtener claridad en lo que debes hacer.

    2. Procrastinación Negativa: Se basa en un montón de lindas excusas para evitar hacer algo, lo cual indudablemente afecta tus resultados de manera negativa.

- El principio de ir más allá y ver más allá es la justificación básica para practicar la Producción Antes que Perfección (PBP).

- PBP significa hacer las cosas de inmediato, independientemente de lo que pienses que debes hacer para hacerlas perfectas. Más que esperar para que cada aspecto del proyecto sea perfecto, el posicionamiento lineal PBP te permite manejar los aspectos en paralelo, acoplar el proyecto a medida de tus avances y lograr excelentes y mejores resultados.

CAPÍTULO 8

La InfluenciaPersuasiva de La Presencia Estratégica

*Tu capacidad para persuadir a otros
requiere que seas una auténtica persona
que se base en sus propios valores
y comportamientos.*

En el Capítulo 7 hablamos de la segunda pata del tripie de ejecución: la producción, que es la habilidad de completar acciones en lapsos de tiempo reducidos. La producción puede acelerarse usando el método Producción Antes que Perfección (PBP) que consiste en comenzar el trabajo y trabajar en paralelo al progreso en vez de esperar a que los medios estén disponibles.

Este capítulo detalla la presencia, la tercera pata del tripie. La presencia es importante al momento de ir tras tu visión ya que necesitarás de la ayuda de otros para ayudarte a hacer cosas por ti. Para ser más persuasivo y crear un cambio voluntario, debes entender cómo es que los demás te perciben, lo cual te ayudará a comunicarte más efectivamente.

Tengo un amigo que es Profesor en una Escuela Primaria quien compartió la siguiente historia conmigo: a mediados de un ciclo escolar, fue inscrito un nuevo alumno que venía de otro país. El alumno estaba incómodo en ese nuevo ambiente, y los niños en clase hacían lo que hacen los niños: había risas, miradas y posturas respecto al nuevo compañero. El nuevo alumno vestía de una manera que no calificaba con las expectativas de algunos de los otros niños, y eventualmente, uno de ellos (el payaso de la clase) comenzó a hacer bromas acerca de su apariencia. El niño nuevo estaba avergonzado e intentó ignorar el hostigamiento, pero pronto un par de niños más se unieron al infantil ataque.

A medida que la situación se encontraba al borde del caos y el profesor estaba a punto de intervenir, una niña de la clase se puso de pie y ordenó a los demás dejar de meterse con el niño nuevo. Les recordó a todos lo aterrador que era ser nuevo en una escuela y también que necesitaban ser amables con él y hacerlo sentir bienvenido. Les recordó que debían tratarlo como todos desearían ser tratados si estuviesen en un nuevo país y en una nueva escuela. La clase tenía un gran respeto hacia esta niña, y pronto sus palabras fueron tomadas en cuenta.

Después de la clase, el profesor agradeció a la niña por calmar la situación y le dijo: "Lo que hiciste fue algo muy valiente ¿por qué lo hiciste?" a lo que ella respondió: "Porque eso es lo que mi madre y mi padre hubiesen esperado que hiciera".

Me fascina esta historia porque ilustra enormemente el poder y el efecto de aquello que llamo *Presencia Estratégica*. La niña hizo lo que sabía que sus padres hubiesen deseado que hiciera. Su percepción y entendimiento de los valores de sus padres la persuadieron a defender al nuevo alumno. Los padres de esa valiente niña tuvieron éxito en crear una presencia estratégica positiva en su mente, lo cual le dio el coraje y la voluntad de hacer lo que hizo, y lo más importante, la presencia estratégica de los padres fue tan auténtica que no tuvieron que estar físicamente presentes para inspirarla. Los valores de sus padres se volvieron sus valores. Estos valores la persuadieron y le dieron el poder de hacer lo que hizo a total voluntad.

Tu "Presencia Estratégica" Define La Percepción Que Otros Tienen De Ti

Existe una impresión sobre ti en la mente de cada persona con la que has tenido relación, ya sea personal o profesional. Es la identificación de la presencia de una persona lo que define la percepción total que otros tienen de ti. Es de esta persona de quien me refiero cuando uso el término "Presencia Estratégica". Constantemente creas dos tipos de presencia estratégica: *presencia estratégica positiva* y *presencia estratégica negativa*. Hablaré ampliamente de las características de la presencia positiva y negativa más adelante, pero por ahora te pido que entiendas que estos dos tipos de presencia estratégica son realidades y todo el tiempo las estás creando. Sabes que esto es verdad porque no tienes problema al momento de puntuar las cualidades positivas y negativas de cada persona que conoces, sólo que algunas de esas personas tienen más atributos positivos que reflejan su presencia estratégica que atributos negativos, y viceversa.

Antes de profundizar en cómo una Presencia Estratégica es creada y transmitida, quiero hablar del efecto real que tu presencia estratégica tiene sobre las actitudes y comportamientos de otros y los por qué. El hecho más importante de la presencia estratégica es que produce dos posibles reacciones en otros. Puede producir *cooperación voluntaria* o puede producir distintas formas de resistencia. Si la gente de tu entorno tiene muchas impresiones positivas sobre tu presencia estratégica, es un hecho que la mayor parte del tiempo, te apoyarán en todo lo que desees hacer.

Si, por otra parte, la mayoría de sus percepciones sobre tu presencia estratégica son negativas, es muy probable que no deseen apoyarte en lo que deseas hacer, y puede que incluso intenten debilitar tus esfuerzos. Su resistencia puede ser tanto activa como pasiva, pero no serán persuadidos a exceder expectativas de forma voluntaria.

Por lo tanto, las posibilidades respecto a cómo es que tu presencia estratégica impacta a los demás se limitan a la cooperación o a la resistencia, y no hay puntos medios en ello. Como alguien dijo alguna vez: "O estas con nosotros o en contra de nosotros". Debido a que son estas las dos alternativas, es sencillo darse cuenta de cómo crear una presencia estratégica auténtica y positiva resulta un factor importante para la ejecución de tu visión (tus objetivos, metas, solicitudes, etcétera).

Quiero ser muy claro cuando digo que crear una presencia estratégica positiva no es sinónimo de pretender ser una estrategia de manipulación. La presencia estratégica positiva que proyectes debe ser real, y debe ser percibida como auténtica. Fallar en la prueba de autenticidad significa que la imagen real que deseas proyectar será percibida como despectiva y no ingeniosa, o peor que eso. Tu presencia estratégica positiva y auténtica tiene que representar lo que eres, y eso no puede disimularse. La gente es muy perceptiva, y saben detectar intentos de proyectar ser alguien que no eres con el propósito de manipular.

Entonces debes estarte preguntando: "¿Por qué no sólo dejo que mi presencia estratégica sea lo que es sin preocuparme al respecto?" y esa es una gran pregunta. La respuesta es muy simple:

"Crear una presencia estratégica auténtica y positiva resulta un factor importante para la ejecución de tu visión."

Creas una presencia estratégica sin importar qué tan al tanto estés del proceso. Algunos sólo dejan que suceda, y son creadas cientos de percepciones erróneas respecto a tal persona porque no se dieron cuenta de lo que sucedía. La falta de alerta respecto a crear una presencia estratégica indica no haber sido proactivo en el proceso. ¿Has escuchado alguna vez a alguien quejándose de ser "incomprendido" y visto cómo y cuánto le asombró descubrir lo que los demás pensaban de ella/él, de sus motivos y de lo que realmente eran? Bien, es ese un riesgo que se corre cuando no tienes una postura proactiva durante el proceso de crear tu presencia estratégica.

Afortunadamente, hay ciertas cosas que puedes hacer para protegerte de falsas percepciones echando raíces. Una vez que las falsas percepciones echan sus raíces, producirán resistencia, y es sumamente difícil deshacerse de ellas. Como sabes, la percepción es realidad, y una vez que la gente tiene una firme postura respecto a algo, es difícil hacerles cambiar de opinión, es difícil hacer que se deshagan de sus impresiones. Si permites que las falsas percepciones echen raíces en las mentes de otros, puedes ser percibido como una persona falsa, y no harán más que dudar y resistirse a ti.

Los Bloques de Construcción de la Presencia Estratégica

Ahora quiero hablar de cómo es creada la presencia estratégica. ¿Qué es lo que hay en ti que habla de quien eres más que cualquier otra cosa? ¿qué es lo que hay en ti que hace crear percepciones en otros respecto a quién eres? ¿cuáles son los componentes y los bloques de construcción de esas percepciones? Esencialmente, dos componentes contribuyen en tu presencia estratégica: tus valores y tu comportamiento.

Tus Valores Contribuyen a tu Presencia Estratégica

Para descubrir tus valores, no necesitas ir más allá de tu ventana de creencias. Tus valores se establecen en lo que piensas que es correcto y en lo que no, en lo que es verdadero y falso, aceptable e inaceptable, apropiado e inapropiado. Enfrentémoslo, a medida que has vivido tu vida, has desarrollado firmes y profundas opiniones respecto a miles de cosas. Tus opiniones emergen de tus valores, y tus valores juegan un gran rol al influenciarte en lo que debes hacer.

> *"La confianza siempre afecta dos resultados medibles: la velocidad y el costo. Cuando la confianza disminuye, la velocidad disminuye y el costo aumenta. Esto crea un impuesto de bajo nivel de confianza. Cuando la confianza aumenta, la velocidad aumenta y el costo disminuye. Esto crea un dividendo de confianza. Es así de simple, así de predecible.*
> —Stephen M. R. Covey

Desafortunadamente, tus propias percepciones u opiniones respecto de tus valores pueden o no estar en sintonía con tus valores reales. La gente es muy capaz de creer tener valores específicos respecto a ciertas cosas, pero sus propios comportamientos contradicen lo que hacen. Es el escenario de la frase que dice "lo que haces habla tan fuerte que no puedo escuchar lo que dices". Por lo tanto, poner a prueba e identificar realmente tus propios valores puede no ser tan simple como pareciera. En otras palabras, sólo por decir que tienes ciertos valores no quiere decir que los pongas en práctica. Es sólo con la práctica que tus valores se convierten en un hábito diario, en las buenas y en las malas, y proyectan autenticidad de peso.

Identificar y medir valores es casi como la fijación de objetivos, y hemos abordado este tema en gran parte del libro. Hay muchas guías y métodos excelentes que puedes usar para ayudarte a identificar tus valores (por ejemplo, mi carpeta para Diseñar Tu Propia Vida, disponible en la tienda virtual en www.tonyjeary.com, la cual te ayuda a determinar qué es lo que quieres en tu vida y cómo establecer tus objetivos para lograrlo). El punto al que quiero llegar es que este es un ejercicio que vale la pena. Sólo necesitas elegir un método y llevarlo a cabo, porque necesitas tener un entendimiento respecto a tus valores para crear una presencia estratégica.

La lista de cada valor con el que cuentas puede ser muy extensa, al punto de llegar a tener problemas para lidiar con cada uno de ellos. Mi enfoque respecto a los valores es que ellos dan forma a lo que actualmente haces, y lo que haces crea una presencia estratégica. Así que, por esa sencilla razón es que estar al tanto de tus valores y de cómo llevarlos a cabo es algo muy importante. Es obvio que haces muchas más cosas, y algunas de ellas son más importantes que otras. Son tus valores los que dominan lo que haces y que son relevantes para la creación de una presencia estratégica. Esto nos encamina a la discusión del siguiente bloque de construcción de la presencia estratégica, la cual radica en tu comportamiento.

Tu Comportamiento También Contribuye a tu Presencia Estratégica

Con respecto a persuadir a otros a exceder expectativas, hay cinco categorías de acción (en otras palabras, las cosas que haces) que tienen una influencia importante al momento de crear una presencia estratégica:

1. Ética de Trabajo
2. Integridad
3. Criterio
4. Coraje
5. Voluntad para ayudar a los demás

Demos un vistazo más detallado a cada una de estas acciones.

1. **Tu Ética de Trabajo:** Independientemente de dónde trabajes (desde tu casa, en una oficina, en un restaurante, manejando un taxi, con un público, en una fábrica o en cualquier otro sitio), seguirás necesitando de vez en cuando de la asistencia y apoyo de otros y específicamente querrás que también deseen exceder las expectativas. Por ello, el tema de ética de trabajo es muy importante. Si tu presencia estratégica no ilumina tu propia ética de trabajo de una forma que demuestre que estás dispuesto a hacer lo que le pides a otros que hagan, tu presencia estratégica positiva se verá afectada en esta área. Tu ética de trabajo personal es representada por la cantidad de cosas que haces, pero los elementos más visibles de tu ética de trabajo son aquellos que impactan el tiempo y el esfuerzo de los demás.

> *"Conocer tus valores*
> *y ser capaz de expresarlos*
> *es importante."*

Además, las cosas que haces que impactan a otros son cosas relativamente simples, como llegar a tiempo y concretar citas. Cuando llegas tarde a las juntas, a las llamadas y a las fechas límite de proyectos, esto crea una percepción pobre de tu ética de trabajo. Tu ética de trabajo percibida es también impactada por cómo eres percibido como iniciador en vez de respondedor ¿vas proactivamente hacia aquello que debe hacerse o esperas a que te digan que lo hagas? Las personas que actúan por iniciativa son consideradas como más participativas y orientadas a oportunidades a diferencia de los respondedores pasivos.

2. **Tu Integridad:** La integridad se trata más que nada de mantener tu palabra, comunicarte con honestidad y hacer lo que dices que harás, aunque duela. La gente íntegra no toma decisiones basándose en la conveniencia. La gente íntegra toma decisiones basándose en lo que es correcto hacer. Sin embargo, debes reconocer que hacer lo correcto resulta sencillo cuando no hay mucho en juego. La prueba real de integridad viene en forma de tentaciones, estrés y presión. Es en momentos como estos en los que la gente observa minuciosamente lo que haces, y tus acciones pasan

a ser parte de tu presencia estratégica.

Hay un dicho que dice: "cuando eres presionado, el contenido de tu carácter se derrama". Es la parte de ti que se derrama al ser presionado lo que expone tu integridad. La gente íntegra también sabe admitir sus errores y continúan enfocándose en sus compromisos. Puede parecer algo trillado para ellos, pero su palabra es su voto de confianza, y es ese el núcleo de la integridad.

3. **Tu Criterio:** Si tienes un puesto como líder, factores como el bienestar, la seguridad y el buen estado de aquellos que están bajo tu cuidado son directamente impactados por tu criterio puesto en tela de juicio. Cuando tu criterio falla al considerar las necesidades de los demás, crea una percepción negativa y envía el mensaje de que no te importan los demás. La gente se resistirá a confiar y a brindar su apoyo emocional a cualquiera que demuestre un criterio pobre en su toma diaria de decisiones. Un criterio pobre crea la percepción de que la ejecución de tu visión probablemente no sea convincente o digna debido a lo sospechoso de tu criterio.

La gente que demuestra tener un buen criterio es sensata y realista. Son capaces de profundizar en información complicada sin salir corriendo y ejecutar acciones lideradas por el miedo. Una persona con buen criterio maneja la presión con gracia y lo más importante, con confianza. Esto inspira a otros a lidiar con la presión de igual manera.

4. **Tu coraje:** El coraje se demuestra cuando otros observan cómo manejas la adversidad. Mi amigo Zig Ziglar, ese gran orador motivacional, es un ejemplo viviente de esta realidad. Zig cumplió ochenta y dos años en noviembre de 2008. En febrero de 2008, sufrió una caída durante la noche ocasionándole un daño cerebral que le produjo una profunda pérdida de memoria a corto plazo. Durante la noche, este enérgico hombre que ha inspirado a millones de personas durante décadas no fue ya capaz de hablar con el estilo con el que solía hacerlo durante tantos años. Zig Ziglar se vio en medio de una oleada de adversidades. Un hombre menor que él hubiese sólo renunciado y dicho "Ya he hecho bastante".

Eso no sucedió con Zig. Él decidió que ser abierto y transparente respecto a su lesión y dejar que los demás supieran su estado podría ser de gran inspiración para quienes estuviesen pasando por momentos de prueba y adversidad. Zig siempre enseñó a los demás que no son las circunstancias las que determinan tu éxito, sino lo que haces con esas circunstancias. Él decidió tomar ventaja de ellas y demostró este poderoso principio con su propia vida. Zig cambió sus presentaciones en escenarios y éstas pasaron a formato de entrevista, mismas que son facilitadas por su editor, que es su hija mejor, Julie. El título de su presentación es "Abraza al Conflicto". July guía amorosamente a su padre en cuanto a los puntos que él tiende a repetir debido a su déficit de memoria, y lo ayuda a mantenerse en sintonía con la información que él desea hacer llegar. Este es un gran ejemplo de coraje, y la presencia estratégica de Zig Zaglar ha logrado que las mentes de su público se vuelvan más poderosas y auténticas.

5. **Tu voluntad de ayudar a los demás:** Si deseas que otros te ayuden, debes estar dispuesto a ayudarlos. Ayudar y apreciar s otros en este sentido va más allá de sólo darles las gracias y enviar postales de cumpleaños, o estar al tanto de sus fechas de aniversario y saber los nombres de sus hijos. Ayudar a los demás implica entendimiento hacia lo que desean de la vida, personal y profesionalmente, y desear invertir un poco de tu tiempo para ayudarlos a lograr sus metas.

En ocasiones ayudar a los demás puede tratarse de tan sólo motivarlos. En ocasiones se trata de hacer algo simbólico por ellos. ayudar a los demás no siempre se trata de hacer grandes esfuerzos o gastos, y es un hecho que no puedes ser tú la solución a los problemas de todos ni hacerte responsable de sus esperanzas. Sin embargo, tu voluntad de envolverte en sus vidas y exceder las expectativas será un importante bloque para implantar tu presencia estratégica en sus mentes.

Quiero prevenirte y recordarte que, esto no pretende ser una estrategia manipulativa. Nada desmotiva más a la gente que el hecho de creer que al ayudarlas se verán obligadas a eventualmente devolverte el favor.

Cómo Comunicarte Estratégicamente

Transmitir los bloques de construcción de una presencia estratégica implica el cómo te comunicas con los demás, y la comunicación trasciende las palabras. Muchas personas ven la comunicación como una colección de habilidades, y piensan que no es más que otro objetivo de entrenamiento. En contraste, yo trato la comunicación como un asunto *estratégico* de gran significado al momento de facilitar el tripie de ejecución: persuasión, producción y presencia. Si puedes visualizar la ejecución como si fuese un tren rodando hacia un destino predeterminado, piensa en la comunicación como el motor que impulsa y empodera al tren. De ese modo, la comunicación estratégica tiene distintos objetivos específicos que se deben lograr.

Recuerda: los bloques de construcción de la presencia estratégica son tus valores y tu comportamiento. La comunicación estratégica implica la transmisión actual de aquellos bloques de construcción. El objetivo de la comunicación estratégica es llegar a un resultado específico con aquellos que esperas persuadir. Te comunicas estratégicamente cuando permites que tu mensaje sea guiado por tres pruebas o normas. Si tu mensaje no cumple con uno o más de estas normas, tus resultados se verán disminuidos.

> *"El objetivo de la comunicación estratégica es llegar a un resultado específico con aquellos que esperas persuadir."*

1. Tu comunicación debe crear impacto en las creencias de los demás.
2. Debes comunicar tu visión, tus fortalezas y tus oportunidades.
3. Debes comunicar el valor.

Demos un vistazo con mayor detalle a estas tres normas.

Norma No. 1: Tu comunicación debe crear impacto en las creencias de los demás

La *comunicación estratégica* se trata de transmitir puntos de vista, y debes implementar una visión en los demás para que puedan aceptarla, abrirse a ella y considerarla a modo entusiasta. Esto requiere de una comunicación que impacte a la gente a nivel de hacer suya la creencia. La comunicación no percibida como auténtica no será efectiva al momento de intentar llegar a este objetivo, porque los mensajes no auténticos no serán creídos. Estos son tres componentes que contribuyen a una auténtica transmisión del mensaje:

1. El primer componente de la autenticidad es hablar con la verdad. Si alguien en tu entorno comunicativo percibe que lo que escucha no es cierto, perderás a esa persona de inmediato.
2. La segunda característica de la autenticidad es el compromiso. Si la gente no cree que estés comprometido al nivel que esperas, los perderás también. Debes demostrar tu compromiso hacia lo que haces.
3. La tercera característica de la autenticidad es el motivo. La gente quiere saber por qué les pides su apoyo, y esto implica el entendimiento que tengan de tus motivos. ¿Qué es lo que esperas obtener de todo lo que pides y qué es lo que quieres que ellos obtengan? Comunicar tus motivos requiere compartir tu corazón con los demás.

Norma No. 2: Debes comunicar tu visión, tus fortalezas y tus oportunidades

Como sea que te comuniques, es sabio encargarse de las siguientes tres cosas y concentrar tu mensaje en ellas. La gente necesita estar envuelta de vez en cuando de estos importantes conceptos para así poder fortalecer su percepción acerca del valor y la importancia de sus esfuerzos:

1. **Comunicar tu Visión:** Tu visión tiene el poder de llevarte a ti y a otros hacia el otro lado de la brecha de tus condiciones actuales y acercarte a tu meta. Para ello, debes asegurarte de que tu visión no pase desapercibida de la atención de los demás. Cada vez que planteas mensajes a aquellos a quienes deseas inspirar, hay una oportunidad de fusionar la relevancia de lo que deseas lograr con tu visión.
2. **Comunicar fortaleza:** Inspirar confianza en otros es importante para el éxito. La confianza implica que haya gente convencida de que cuentan con la habilidad de hacer lo que se les pide. Si hay duda –ya sea de parte tuya o de ellos– respecto a su habilidad de triunfar, aquella duda empobrecerá los resultados. Por esta razón, debes hablar continuamente sobre las fortalezas individuales y colectivas que tienen para así apoyar sus éxitos. Nada infunde más confianza en la gente que entender sus capacidades para lograr el éxito, y

mucho de ello proviene del entendimiento de sus fortalezas.
3. **Comunicar la oportunidad:** Para crear entusiasmo y promover el cambio voluntario, los líderes deben recordar constantemente a su equipo las oportunidades que existen para ellos si ejecutan de manera correcta sus objetivos y estrategias satisfactoriamente. Todos están interesados en "que es lo que hay para mí", y por ello resulta importante que puedas comunicarlo de mejor manera expresando las oportunidades que fluirán del éxito.

Cada vez que hables sobre cualquier iniciativa, proyectos o tareas, debes comunicar el esfuerzo deseado sobre cada uno de estos tres puntos. Hazte a ti mismo, sobre todo, estas siguientes preguntas para asegurarte de estar en el camino de comunicar tu visión, fortaleza y oportunidad:

1. ¿Cómo es que aquello que estamos por hacer nos acerca más a nuestra visión?
2. ¿Qué fortalezas tenemos a nuestro favor que nos den la habilidad y experiencia necesarias para ser exitosos?
3. ¿Qué nuevas oportunidades podemos esperar al ser exitosos?

Norma No. 3: Debes comunicar el Valor

Aquí no hablo de comunicar tus *valores personales*. Hablo de comunicar el *valor real* de tu visión y de tu empresa.

Hay cosas que nunca cambian y la habilidad de comunicar el valor es una de ellas. La comunicación estratégica siempre se enmarca en la relación entre valores y creación de valores. Comunicar un valor va más allá de solamente decir qué hacer y cómo lo haces. El valor se comunica exitosamente cuando hablas del beneficio estratégico que tu visión, estrategias y objetivos tienen para los demás.

Eres aún más capaz de comunicar un valor relevante a otros cuando entiendes sus necesidades. Comunicar el valor conecta poderosamente con el sentimiento de necesidad, y cuando conectas con tal sentimiento, la gente puede sentirse inspirada y cooperativa. Así que, dirigirse a las necesidades de los otros y vincular el valor de tu esfuerzo al cumplir con sus expectativas, tendrá un efecto estratégico en lo que la gente esté dispuesta a hacer. De igual manera, tendrá un papel muy importante al momento de transmitir tu presencia estratégica.

Cuando te comunicas usando estas normas como parámetros de sus mensajes, te estás comunicando estratégicamente y estás transmitiendo también tu presencia estratégica proactiva y efectivamente. Después de todo, tus mensajes reflejan tus valores y tu comportamiento, que son dos bloques que construyen tu presencia estratégica.

Creando Imágenes De Influencia

La comunicación que produce presencia estratégica se basa también en crear lo que yo llamo *imágenes de influencia*. Las imágenes de influencia que creas afectan poderosamente las percepciones, actitudes y comportamientos de los demás. La autenticidad de estas imágenes de influencia es de vital importancia para tu éxito. De hecho, la autenticidad percibida de tu presencia estratégica puede dar un giro en las imágenes de influencia que hayas creado y desarrollado.

Como ya has aprendido, la aceleración estratégica incorpora la necesidad y habilidad de persuadir a los demás a exceder las expectativas consistentemente. Este nivel de ejecución requiere de un cambio voluntario, y ello requiere cambios en las ventanas de creencias de todos a quienes intentes persuadir. Las ventanas de creencias cambian sólo mediante nuevas experiencias personales y nueva información aceptada como verdad. Debido a que más del 90% de la comunicación es no-verbal, mucha de la información que la gente acepta como realidad se basa en sus percepciones. Las imágenes de influencia aportan el combustible para muchas de estas percepciones y son un factor primario en tu habilidad de motivar a otros a tomar acción de lo que exceda sus expectativas.

Las imágenes de influencia que llegues a crear son formadas por todo lo que los demás ven en ti. Son formadas de distintas formas, por ejemplo:

- A nivel personal, las imágenes de influencia pueden formarse partiendo de cómo tratas a tus amigos y a tus seres queridos, tus hábitos de aseo y vestimenta, y tu confiabilidad y puntualidad.
- A nivel profesional, las imágenes de influencia pueden formarse partiendo de tus materiales escritos, documentos de mercado y ventas, y programas de reclutamiento o entrenamiento.

Para crear imágenes de influencia congruentes y auténticas para tus objetivos de comunicación estratégica, hay tres bloques de construcción estratégica de vital importancia:

1. Declaración de la Visión
2. Prioridades de Conducta
3. Declaración de Presencia y Características

Démosles un vistazo más detallado.

Declaración de tu Visión

Una declaración de visión expresa tu meta a futuro. Una declaración de visión es una declaración específica que señala el futuro como hecho y da a otros una imagen específica de tu visión a medida que vayas creando tu declaración de tu visión, debes considerar qué es lo que quieres, por qué lo quieres y qué cosas positivas sucederán cuando tu visión es ejecutada.

Por ejemplo, tengo un cliente que tiene la siguiente declaración de visón:

> Mi visión es ser un elemento fuerte y estratégico para mi compañía enfocándome continuamente en los beneficios a largo plazo para la misma, tomando decisiones basadas en crear seguridad laboral y financiera para su gente y fomentando mi legado haciendo mi trabajo y haciéndolo bien, algo que consecuentemente creará más de los mismos resultados que busco.

El Ejercicio 17 del Apéndice C te ayudará a crear una declaración de tu visión por cuenta propia.

Tus Prioridades de Conducta

Estas prioridades abarcan los comportamientos que debes valorar y esperar de los demás y de ti mismo. Cuando la gente comprende qué es lo más importante para ti, comprenden entonces tus prioridades y, sobre todo, se ocupan de sus propios comportamientos.

Por ejemplo, si dos de tus más valiosos comportamientos implican saber cómo hacer buenas preguntas y ser un escucha activo, necesitas comunicar la importancia de estos comportamientos enseñando y entrenando estas habilidades. Debes también mostrar esas mismas habilidades en tus actividades cotidianas. El ejercicio 18 del Apéndice C te ayudará a identificar tus propios comportamientos, que se convertirán en modelos de la influencia que tu presencia estratégica creará en los demás.

Declaración de Presencia y Características

Es importante entender lo que eres y lo que quieres ser. Es de igual importancia saber qué *no* eres y qué no quieres ser. El ejercicio 19 del Apéndice C te ayudará a identificar tus propias características, algo que debes mostrar en lo que dices y haces. Estas se convierten en declaraciones que forman imágenes de influencia que transmiten presencia estratégica.

Estos podrían ser ejemplos personales:
Yo Soy
- *Disciplinado y trabajador*
- *Empático y sensible con las necesidades de otros*
- *Respetuoso con las fechas límite y orientado a mi equipo*

Yo no:
- *Procrastino ni les doy a otros el peso de la carga*
- *Continúo con mi agenda y metas sin preocuparme por los demás*
- *Llego tarde o no entrego nada a tiempo*

Estos podrían ser ejemplos laborales:
Somos:
- *Proactivos y comprometidos con la resolución de problemas*
- *Responsables de nuestros éxitos y fracasos*
- *Responsivos a las necesidades de los clientes*

Nosotros no:
- *Restringimos la creatividad de los demás*
- *Chismeamos o fomentamos falsos rumores*
- *Procrastinamos o retrasamos la toma de acción*

¿Por Qué Estos Bloques De Construcción son Importantes?

Los tres bloques de construcción mencionados establecen el "por qué" estratégico en el que se basan las imágenes de influencia. Cuando creas tus propias declaraciones de presencia, éstas se convierten en timones y ruedas de entrenamiento de tu conducta, lo cual crea presencia estratégica.

Crear Y Sustentar Una Presencia Estratégica Positiva Requiere De Repetición

Toda la comunicación estratégica requiere repetición. El sólo decir algo a alguien varias veces no garantiza que lo entenderá. Respecto a ello, crear y sustentar una presencia estratégica positiva es el resultado de un goteo constante de mensajes y acciones de fortaleza, de percepciones afirmativas y sólidas. Debes asegurarte que el mensaje positivo que comuniques se encargue de sostener tu presencia estratégica.

Quiero ser claro en este punto: *Nunca* pienses que puedes decir mucho sobre los puntos estratégicos que contribuyen con tu presencia estratégica e influencian en el cambio voluntario en los demás. Es una triste realidad que vivamos en una era donde tu presencia estratégica positiva puede convertirse en una percepción negativa muy rápidamente.

Un ejemplo extremo de esto lo vemos en Ken Lay, antiguo CEO de la ahora malaventurada Enron, que colapsó en escándalo. Antes de la ruina de Enron, Lay fue un modelo positivo a seguir y el líder corporativo más respetado. Enron era visto como uno de los ejemplos más progresivos y exitosos de estrategias de negocio creativas del Siglo XXI. La presencia estratégica positiva de Lay era benéfica para todo aquel que lo rodeara.

De pronto, cuando su compañía falló, Lay pasó a ser un marginado del mundo de negocios americano. Lay y sus socios fueron atacados y difamados por funcionarios electos de los que alguna vez alabaron su liderazgo. Todo este cambio fue el resultado de un giro en su presencia estratégica que pasó de ser vista como altamente positiva a ser vista como altamente negativa.

Pienso que si Lay hubiese practicado y desarrollado todos los principios de los que ya he hablado respecto a la presencia estratégica, el

Escándalo Enron jamás hubiese sucedido. Esto puede sonar arrogante, pero piénsalo. Enron no tenía claros sus valores, y ello de algún modo resultó dar rienda a un mal comportamiento. Los altos mandatarios de la compañía tomaban decisiones basadas en propias conveniencias y no en lo que era correcto. Fracasaron en la prueba de coraje y en cada punto que he tocado en este capítulo. La empresa no fue construida basada en una visión, ni en una fortaleza, ni en oportunidades. En vez de eso sólo se encargaban de satisfacer necesidades de supervivencia a corto plazo y avaricia personal. La presencia estratégica del grupo de líderes de Enron no fue auténtica, y se vino abajo sobre sus cabezas.

¿Te das cuenta de cómo la presencia estratégica es un asunto de vital importancia? Al crearla, te recuerdas continuamente el ir tras tu visión basado en los principios que perduran y que requieren ser evaluados constantemente y así medir tus propios valores y comportamientos como, por ejemplo, los dos bloques de construcción de la presencia estratégica. Si Lay hubiese pasado las actividades de negocio de Enron a través de los filtros que crean una presencia estratégica, toda la desgracia criminal y pública de la compañía hubiese sido evitada. Los directivos de Enron pudieron haber tomado serias decisiones respecto a cómo resolver los problemas de la compañía, pero no hubiesen sido percibidos como la personificación del demonio corporativo.

Resumen

De las tres patas del tripie de ejecución, la presencia estratégica es el más subjetivo. La presencia estratégica reside en la percepción, y la percepción es difícil de manejar y controlar. Una presencia estratégica positiva presenta características que forjan la credibilidad, la confianza y el espíritu de cooperación. En contraste, una presencia estratégica negativa muestra las semillas de la sospecha, desconfianza y rebelión. Tienes la habilidad de crear proactivamente una presencia estratégica positiva comunicándote estratégicamente y creando imágenes de influencia que reflejen tus valores y conductas. Una fuerte presencia estratégica afecta positivamente en la ejecución y los resultados.

Puntos muy Importantes

- Existe una impresión sobre ti en la mente de cada persona con quien has tenido alguna relación personal o profesional. Es una presencia de identificación que define la percepción total que tienen los demás sobre ti.

- Dos situaciones estratégicas son los más responsables de crear a la persona que establece tu presencia estratégica en las mentes de otros: tus valores y tu comportamiento.

- Las imágenes de influencia que creas afectan poderosamente las percepciones, actitudes y conducta de otros de forma sutil pero poderosa. La autenticidad de estas imágenes de influencia es de vital importancia para tu éxito.

CONCLUSIÓN

En la introducción de la *Aceleración Estratégica*, te hice muchas promesas que espero haber cumplido. Prometí hablarte de conceptos estratégicos que transformaran tu forma de pensar, vivir y trabajar. Te prometí que cambiarias para siempre tu manera de pensar acerca de los resultados y te ayudaría a volverte más efectivo. Te prometí **claridad** hacia lo que realmente quieres, también la habilidad de **concentración** hacia las actividades de alto apalancamiento, y prometí también darte estrategias de *ejecución* que realmente muevan la aguja de resultados. Leer y poner en práctica las sugerencias de este libro cae en tres categorías de habilidad que son el bien, la grandeza y la maestría.

- Trabajas desde el nivel de *el bien* si haces lo necesario para lograr obtener claridad respecto a lo que deseas.
- Cuando trabajas desde el nivel de *la grandeza,* haces lo necesario para obtener claridad y aprender a concentrarte en las habilidades de alto apalancamiento con grandes impactos en tus resultados.
- Sin embargo, el mayor de los éxitos viene cuando trabajas desde el nivel de *la maestría*. Cuando obtienes claridad real, te concentras y ejecutas tu visión haciendo uso de los principios de persuasión, producción y presencia, produces excelencia y excedes las expectativas.

Sé que hay demasiada información en este libro y procesarla en su totalidad en un principio pudiera parecer abrumador. Puedes preguntarte "¿Cuáles son los elementos más importantes de la Aceleración Estratégica?, Si hiciera alguna de las cosas que este libro sugiere ¿cuál sería?, ¿Cuál es esa cosa en la Aceleración Estratégica que logrará hacer que mejore mis resultados y llegue al nivel de la maestría aun cuando ignore todo lo demás?".

> *"Un buen objetivo del liderazgo es ayudar a aquellos que no se esfuerzan a hacer bien las cosas y a aquellos que las hacen bien a que las hagan aún mejor"*
> —Jim Rohn

Esta es mi respuesta: La Aceleración estratégica es una *completa* forma de pensar, y *cada una* de sus piezas tiene la misma importancia. No puedes comprender qué es lo que realmente quieres si no hay claridad en ti. La concentración es nula al no saber qué es lo que quieres. Sin claridad ni concentración, la ejecución se vuelve dudosa. La Aceleración Estratégica realmente es un tripie y cada una de estas tres patas son necesarias para mantener al tripie de pie y funcional; así que, por favor, no te saltes ninguno de los pasos pertenecientes a cada pata del tripie, o de otro modo no obtendrás los beneficios de este libro a totalidad.

Como expliqué en el Capítulo 7, Producción Antes que Perfección, contar con un lugar para comenzar es más importante que preocuparse por todos los detalles antes de continuar. Cuando estás sobrecargado de tareas y no sabes qué hacer, la mejor táctica suele ser simplemente *comenzar*. De otro modo, la procrastinación y la inactividad entran al juego. Ahora que has leído este libro y estás condenado a hacer valiosos cambios para bien y a comenzar tu camino de Aceleración Estratégica, sólo necesitas saber dónde comenzar. Te recomiendo tener mayor claridad respecto a lo que realmente quieres.

Si no sabes qué es lo que en verdad quieres, siempre estarás persiguiendo ideas vagas con pocas oportunidades de ser concretadas. He pasado los últimos 25 años trabajando con muchísimas personas inteligentes y exitosas; estas personas hacen que las cosas sucedan a grandes niveles, y todas ellas han sido capaces de ampliar su efectividad mejorando la claridad respecto a lo que realmente quieren.

Desearía tener videos de las expresiones faciales que hace la gente cuando obtienen claridad respecto a lo que quieren. Sus ojos se agrandan y la idea de ir tras su visión comienza a emocionarles. De pronto hay una luz en la oscuridad. Ven más soluciones en vez de problemas. Su camino hacia los logros se vuelve tierra firme, y saben dónde poner sus pies. La claridad produce todo esto por sí sola.

Pienso que la mayoría de la gente quiere hacer las cosas bien en esta vida. No creo que la gente comience a vivir su vida planeando vivir en la insignificancia. En vez de eso, la mayoría de la gente desea hacer la diferencia. Desean ser respetados y valorados. Desean sentir que sus vidas tienen significado, sustancia e importancia. Muchas personas nunca logran sentirse así porque experimentan tempranos fracasos en sus vidas y nunca se dan cuenta de que eso no debe volverse un modo de vivir. Cuando alguien vive varios fracasos es fácil para esa persona sentirse desmotivada y darse por vencida respecto a sus sueños y esperanzas. Cuando una persona vive en esas condiciones, es muy difícil para sí revitalizarse a sí misma, recuperar el optimismo de la juventud e intentarlo de nuevo; pero la claridad es el principio que puede renovar esa llama de esperanza. Una clara visión te lleva a la concentración y a la ejecución.

La epifanía que veo en los ojos de la gente que viene a mi Estudio de Aceleración Estratégica cuando logran obtener claridad respecto a lo que quieren es el primer destello de este efecto de empuje. Lo llamo "El Efecto Albert Mensah". En el Capítulo 2, describo cómo Albert vio una película americana con gente usando zapatos, y así obtuvo claridad en lo que él realmente deseaba ¡e incluso un rebaño de equinos indisciplinados no sería capaz de detenerlo para ir a América! Albert no sabía nada respecto a los aspectos técnicos de concentración ni de la importancia de la persuasión, producción ni de la presencia estratégica. Albert sólo tenía claro que era eso lo que quería, y fue todo lo que necesitó para ir tras su sueño. La claridad fue suficiente como punto de partida, y entonces desarrolló la concentración y finalmente fue capaz de ejecutar su sueño.

- Después de obtener claridad en tu visión, lo cual se trata simplemente de saber qué quieres hacer y por qué quieres hacerlo, el siguiente reto será concentrarte en ello. El éxito de tu visión radica en tener la habilidad de identificar y concentrarte en las acciones que acelerarán su progreso, y hacer a un lado las distracciones.

- Independientemente de tu nivel de concentración actual, puedes mejorar tus habilidades y darte cuenta de que ese punto es el primer paso hacia arriba en la Escalera de la Efectividad descrita en el capítulo 4. Partiendo de ahí, podrás clarificar la necesidad de concentrarte mejor y así elegir invertir tu tiempo y energía en actividades de mejoría. Después de ello ¡todo se trata de práctica! La concentración es una habilidad que puede aprenderse y mejorarse, y como cualquier otra habilidad, mientras más tiempo inviertas conscientemente en su mejoría, serán mejores los resultados que obtendrás. Al mismo tiempo, estarás inconscientemente entrenando a tu mente a considerar estas habilidades como una segunda naturaleza, o algo que haces sin siquiera pensarlo, y es esa otra forma de describir un hábito ¡y qué gran hábito es este para tu mente! He visto personas y grupos trascender sus propias expectativas acerca de sus habilidades de concentración y pasar de ser dispersas y distraídas a centradas y organizadas, tan sólo basándose en sus deseos de mejorar.

- Sé que una vez que te des cuenta de los beneficios reales que ocurren cuando puedes ignorar las distracciones y concentrarte en completar las actividades de alto apalancamiento, quedarás enganchado a esta manera de pensar. Tendrás menos distracciones porque sabrás cuando aparecen y podrás deshacerte de los efectos mucho antes de que aparezcan. Cumplirás consistentemente con las fechas límite (incluso mucho antes de lo previsto), y esto reducirá preocupaciones y deleitará a todos a tu alrededor. Pasarás menos tiempo persiguiendo detalles irrelevantes y continuando las cosas desde donde las dejaste antes de distraerte, lo cual te dará más tiempo libre para usarlo como desees, ya sea para beneficio profesional o para entretenimiento personal.

- Todo lo que necesitas hacer es un análisis honesto desde donde te encuentras ahora comparado con dónde deseas estar realmente. Entre ambos puntos yacen las actividades de alto apalancamiento en las cuales debes concentrarte para realizar los cambios que te harán pasar al otro lado de la brecha. Sabrás exactamente lo que necesitas hacer y cómo debes distribuir tu tiempo para realizar tu visión, la cual, por supuesto, te preparará para una ejecución consistente.

- La claridad y la concentración te dan un plan de "qué" y "cómo", pero cuando es momento de hacer las cosas, todo se trata solo de hacerlas. Esto puede sonar simple, incluso demasiado simple, pero es aquí donde pasarás más tiempo. Llegar a esto bien preparado y con la correcta filosofía hará toda la diferencia en tu éxito. Espero que recuerdes las tres "P´s" del tripie de ejecución: persuasión, producción y presencia.

- Usando poderosas ventajas de persuasión lograrás tener el apoyo de otros que puedan ayudarte a ejecutar e indudablemente traerán beneficios a tu éxito. Lograr tener claridad y declarar con confianza el porqué de la autenticidad e importancia de tu visión es la clave de la persuasión. Partiendo de ahí, estarás de lado de la producción, o de hacer las cosas más rápida y eficientemente.

- Esto requiere que practiques la Producción Antes de Acción (PBP), que es una manera increíble de combatir la procrastinación porque así comienzas y continúas trabajando con progresos paralelos en vez de esperar a que cada detalle sea perfecto. Antes de saberlo, terminarás ya ciertas tareas o proyectos mientras otras personas sin la mentalidad PBP continuarán perdiendo el tiempo y enclaustradas en el mañana. Esto te permitirá ampliar tus paradigmas y ver a dónde puedes *realmente* llegar, que, indudablemente, será más allá de lo que creías que podías.

- Sin embargo, para una ejecución definitiva, necesitas hacer más que convencer a la gente de apoyarte y ayudarte a completar tareas de tu lista de pendientes. Haciendo uso de tu *presencia estratégica* necesitarás hacer un cambio de larga duración y que tenga efectos de largo alcance. Tus acciones y comportamientos positivos inspirarán a otros a exceder las expectativas consistentemente y de corazón, con coraje, buen criterio e integridad.

- Espero sinceramente que este libro haya excedido tus expectativas. La información ha incrementado desde mi deseo de ayudarte a acelerar los resultados positivos de tu vida personal y profesional. Quise darte una metodología práctica para pasar a la acción día a día con confianza e ir tras las oportunidades que hay para ti cuando logras tener claro qué es lo que en verdad deseas, concentrarte en lo necesario para alcanzar tus objetivos y ejecutar con poder. Los siguientes apéndices contienen ejercicios que te llevarán a procesos de cambio de pensamiento a los cuales debes abrirte para tener éxito en la velocidad de la vida ¡Te deseo un tremendo éxito!

APÉNDICE A

Creando tu Plan de Acción de Claridad

*Tu éxito será acelerado
al obtener claridad e incrementar
la efectividad.*

Así como construir un edificio requiere de un plan detallado, reconstruir tu camino al éxito requiere de lo mismo. Necesitar saber *qué* es lo que quieres hacer, *por qué* quieres hacerlo y *cómo* lo harás. También necesitas conocer el *beneficio* de hacerlo, y la *paga negativa* por no hacerlo. Este capítulo te ayudará a pensar y a documentar todo lo que necesitarás para efectuar un cambio positivo, ya sea personal u organizacional. Pasa a ser también la línea base que te ayuda a mantenerlo todo junto a medida que ejecutes tus planes, y te permitirá medir tu éxito mediante frecuentes revisiones.

Creando un Plan de Acción de Claridad

Un *Plan de Acción de Claridad* es en realidad una descripción muy detallada de tu Ecuación de Claridad personal:

$$\frac{(qué + por\ qué)}{(propósito + valor)} = claridad$$

Para ayudarte a comprender mejor los principios tras la Aceleración Estratégica a medida que construyes tu Plan de Acción de Claridad (formulario que pueden ser descargadas en www.tonyjeary.com), serás guiado por los siguientes ejercicios:

Ejercicio 1: Crea un Cambio Voluntario: Crea un cambio y comprueba estar usando mejor tu tiempo.

Ejercicio 2: Entiende tus Influencias: Describe tu ventana de creencias, o cómo es que ves el mundo y tomas todas tus decisiones.

Ejercicio 3: Entiende tus Creencias Estratégicas: Examínalas, después ajústalas a tu forma de ver la vida.

Ejercicio 4: Resalta Qué Es Lo Que Necesitas Hacer Para Obtener Lo Que Quieres: Crea un plan de acción de pequeños pasos para lograr llegar a tu visión.

Ejercicio 5: Documenta tu Visión: Desarrolla una clara visión para motivarte a cambiar.

Ejercicio 6: Desbloquea tus Claves Internas al Éxito: Documenta tus experiencias únicas, tus dones y tus talentos que te ayudarán a tener éxito.

Ejercicio 7: Explora Dónde Estás Ahora, Por Qué No Habrías De Llegar A Donde Deseas, Y Qué Puedes Cambiar: Haz un análisis de tus fortalezas, debilidades, oportunidades y amenazas.

Ejercicio 8: Documenta el Propósito y Valor de tu visión: Equípate para comunicar por qué tu visión debería ser creída y apoyada.

Ejercicio 9: Crea Tu Propia Receta Para La Claridad: Crea La Ecuación De La Claridad Y Del Éxito.

¿Estás listo para revivir el deseo de ganar y hacer más de lo esperado? ¿Estás listo para construir tu Plan de Acción de claridad? Para saber cómo puedes tener éxito en la velocidad de la vida, lleva a cabo los siguientes ejercicios.

Ejercicio 1: Crea un Cambio Voluntario

La voluntad de cambiar juega un rol importante en tu habilidad de tener éxito. Un cambio voluntario, algo que no requiere de alguien para hacerte u obligarte a hacer cosas nuevas es el tipo de cambio tras el cual debes ir. Para que el cambio sea suave y de menor estrés, necesitas estar al tanto de lo que puedes hacer y de lo que *debes* cambiar.

Revisión del Cambio

Considera y documenta el siguiente formulario:

1. ¿Qué oportunidades y elecciones se te presentan diariamente?
2. ¿Qué te hace sentir estresado o apresurado?
3. ¿Cuáles son las cinco acciones más importantes que dan valor a tu vida profesional o personal?
4. ¿Cuáles son las cinco acciones que puedes delegar o en las que puedes pasar menos tiempo?
5. Si pasas menos tiempo en las acciones del No. 4 y te concentras más en las acciones del No. 3 ¿qué cambios supondrán en tu efectividad?

Auditoría del Cambio

1. Mis oportunidades y elecciones diarias:	
2. Mis factores de estrés:	
3. Las cinco cosas más importantes que dan valor a mi vida profesional y personal:	1. 2. 3. 4. 5.
4. Las cinco acciones que puedo delegar o en las que puedo pasar menos tiempo:	1. 2. 3. 4. 5.
5. Si paso menos tiempo en las acciones del No. 4 y me concentro más en las del No. 3, eso traerá como resultado:	

Auditoria del Cambio: Ejemplo

1. Mis oportunidades y elecciones diarias:	1. Lo que hay para poner en mi agenda diaria 2. Tiempo para uso personal/familiar contra el tiempo para uso profesional 3. Tiempo para desarrollo personal
2. Mis factores de estrés:	4. Planear juntas (estar detrás de la gente y buscar tiempo en común) 5. Interrupciones mientras trabajo 6. Juntas y conferencias en llamadas mal planeadas que quitan tiempo
3. Las cinco cosas más importantes que dan valor a mí vida profesional y personal:	1. Dar regular seguimiento a clientes potenciales hasta que se conviertan en clientes oficiales 2. Exceder las expectativas de mis clientes, lo cual crea relaciones de larga duración con los mismos 3. Continuar desarrollando mis habilidades y lo que tengo para ofrecer 4. Balancear mi vida familiar y laboral 5. Crear una agenda y actuar conforme a ella
4. Las cinco acciones que puedo delegar o en las que puedo pasar menos tiempo:	1. Planear juntas 2. Crear agendas 3. Recuperarme de interrupciones 4. Pasar tiempo en actividades no relevantes 5. Quedarme tarde para terminar proyectos que no son importantes

Ejercicio 2: Entiende tus Influencias

Todas tus decisiones las tomas basándote en tu ventana de creencias personal, lo cual enmarca todos tus puntos de vista hacia la gente, lugares y cosas, e influencia las acciones que ejecutas respecto a aquellas personas, lugares y cosas. Algunas de estas creencias pueden ser erróneas, y la Aceleración Estratégica es el proceso para ayudarte a entender por qué aceptas o rechazas ciertas ideas y personas, y se deshace de creencias falsas.

Tu Ventana de Creencias

1. Primero considera lo siguiente: ¿Cómo una idea errónea respecto a un suceso, concepto o persona puede impactar en tus resultados?
2. Después, documenta tus creencias (lo que crees que es verdadero, falso, correcto, incorrecto, apropiado, inapropiado, posible o imposible) utilizando el siguiente formulario:

Mi Ventana de Creencias

1. Propias	
2. Trabajo	
3. Familia	
4. Amor	
5. Enemigos	
6. Amigos	
7. Espiritualidad	
8. Recreación	
9. Política	
10. Dinero	

Mi Ventana de Creencias: Ejemplo

1. Propias	Soy un gran profesional con una buena ética de trabajo e integridad. Soy también un padre y marido devoto que se da tiempo para pasar con su familia.
2. Trabajo	Mi trabajo es muy importante para mí, pero no tan importante como para sacrificar la integridad o el tiempo de mi familia.
3. Familia	La familia es el aspecto más importante de mi vida, y todo lo que hago se refleja en mi afán de apoyarlos y sostenerlos.
4. Amor	Mi relación con mi esposa requiere de trabajo, y estoy comprometido a mejorar nuestra comunicación y diaria interacción.
5. Enemigos	Hay gente a quien inevitablemente no le agrado, pero trato de ser una persona buena y con calidad ética que no corta relaciones.
6. Amigos	No soy una persona altamente sociable; mi tiempo y esfuerzo son primero que nada para mi familia y, en segundo lugar, para mi carrera.
7. Espiritualidad	Agradar y servir a Dios es mi cumbre motivacional.
8. Recreación	El tiempo debe ser hecho a un lado para pasar tiempo de forma agradable, pero no a expensas de mi carrera, y preferiblemente no bajo métodos egoístas.
9. Política	Estoy al tanto de la política actual y de lo que conforma mi comunidad, y trato de elegir personajes que trabajen en lo prioritario para mí.
10. Dinero	El dinero puede ser un problema o una bendición. Trabajo para permitirme a mí y a mi familia tener dinero suficiente para satisfacer nuestras necesidades y deseos; sin embargo, no es mi motivación suprema.

Ejercicio 3: Entiende tus Creencias Estratégicas

Si sientes que no hay tiempo suficiente para hacer todo lo que tienes que hacer o que los resultados que experimentas son menos de lo que esperabas, es probable que necesites ajustar una o más de tus creencias estratégicas. Esta es una cordial forma de decirte que necesitas desarrollar un nuevo modo de pensar respecto a lo que necesitas para ser realmente exitoso en tu vida profesional y personal. Crees que ciertas cosas son reales y no lo son, y ese problema provoca una escasez de claridad.

Ajuste de Creencia Estratégica

1. Después de dar un vistazo a tu ventana de creencias (Ejercicio 2), considera si cualquier cosa que hayas enlistado pueda no ser cierta.
2. Repite el No. 1, pero haz tu consideración como si fuera de hace diez años.
3. Piensa en las diferencias y considera que, en diez años, las respuestas del día de hoy pueden ser muy distintas.

Ejercicio 4: Resalta Qué Es Lo Que Debes Hacer Para Obtener Lo Que Quieres

Dar pasos pequeños es de lo que trata todo en la vida y esta acción es la verdadera base de los logros. Dividir una gran meta en tareas manejables incrementa tus oportunidades de éxito. Para muchos de nosotros, el éxito "de la noche a la mañana" viene después de dar pasos pequeños vinculados a nuestros sueños.

Plan de Acción

Usando el siguiente formulario:

1. Documenta la meta primordial de tu meta.
2. Enlista las tareas y acciones necesarias para llegar a ese objetivo, proporcionando fechas límite y nombres de las personas necesarias para ayudarte.

Plan de Acción

Meta u Objetivo:		
Tareas	**Quién**	**Cuando**
1.		
2.		
3.		
4.		
5.		
6.		
7.		
8.		
9.		
10		

Plan de Acción: Ejemplo

Meta u Objetivo:	Comenzar mi propio negocio de consultoría y tener un ingreso de $100,000 dólares el primer año de operación.	
Tareas	**Quién**	**Cuando**
1. Desarrollar mi Plan de Negocio	Yo mismo	30 de septiembre
2. Buscar Inversionistas y Fondos	Yo mismo	15 de octubre
3. Desarrollar planes de mercado, de marca y financieros	Yo mismo	30 de octubre
4. Determinar Asociaciones Estratégicas	Yo mismo	30 de octubre
5. Comenzar a crear una Cartera de Clientes	Yo mismo	1 de noviembre
6. Contratar un Equipo de Ventas y de Mercadotecnia	Yo mismo	1 de noviembre
7. Generar al menos dos Clientes Potenciales a la semana	Agente de Ventas	15 de noviembre
8. Subir un sitio Web y mejorar la presencia de mercado en línea	Equipo de Mercadotecnia	15 de noviembre
9. Asociaciones Estratégicas de Apalancamiento – Compartir listas de correos electrónicos, etcétera.	Equipo de Mercadotecnia	30 de noviembre
10. Escribir un Libr	Yo mismo	1 de diciembre

Ejercicio 5: Documenta tu Visión

Eres exitoso cuando alcanzas objetivos o metas ya establecidas. Si no tienes visión, no hay nada que te ate a los objetivos y nada que te ayude a medir tu desempeño o progreso. Por lo tanto, una visión no sólo pasa a ser algo que te motive y te brinde el poder de cambiar tu comportamiento; también se convierte en el medidor que te ayuda a mantenerlo todo junto a medida que ejecutes tus planes. Una visión clara te abre oportunidades y conexiones y te lleva a mejorar tus elecciones estratégicas llevándolas a resultados superiores.

Creación de la Visión

Haciendo uso del formulario siguiente, considera y documenta:

1. Qué quieres realmente tanto personal como profesionalmente?
2. ¿Por qué lo quieres?

Mi Visión

1. Lo que quiero	
2. Por qué lo quiero	

Mi Visión: Ejemplo

1. Lo que quiero	Comenzar mi propio negocio de consultoría y tener un ingreso de $100,000 dólares el primer año de operación.
2. Por qué lo quiero	Porque eso mejorará mi situación financiera.

Ejercicio 6: Desbloquea tus Claves Internas al Éxito

Una visión auténtica será descubierta o creada en la mayoría de ocasiones por tu experiencia personal, tus fortalezas y tus dones. Cada ser humano puede reivindicarse hacia algo que nadie más posee, y eso te incluye a ti. Mientras muchas vidas pueden presumir algunas características y experiencias comunes, las experiencias únicas de tu vida te pertenecen a ti y a nadie más. Con la ayuda de estas experiencias únicas, tus dones y tus talentos salen a flote, y saber lo que son estos dones y talentos incrementará tu efectividad y tu valor.

Tus Dones y Fortalezas

Haciendo uso del siguiente formulario, considera y documenta:

1. ¿Qué características te describen?
2. ¿Qué características no te describen?
3. ¿Cuáles son tus roles?
4. ¿Cuáles son tus prioridades primordiales?
5. ¿Cómo te perciben los demás?
6. ¿Qué es lo que otros mal entienden de ti?

Mis Dones y Fortalezas

1. Características que me describen:	
2. Características que no me describen:	
3. Mis roles:	
4. Mis prioridades primordiales:	
5. Cómo me perciben los demás:	
6. Lo que otros mal entienden de mí:	

Mis Dones y Fortalezas: Ejemplo

1. Características que me describen:	Ético, profesional, culto, amable, devoto, disciplinado, relajado, inteligente
2. Características que no me describen:	Prejuicioso, de mente cerrada, no amable, egoísta, no ético, flojo
3. Mis roles:	Profesionista, padre, esposo, hijo, voluntario, mentor
4. Mis prioridades primordiales:	1. Llevar más lejos mi carrera para permitirme ser sustento de mi familia 2. Desarrollar buenas y duraderas relaciones con mis seres queridos 3. Caridad y servicio voluntario
5. Cómo me perciben los demás:	Disciplinado, trabajador incansable, enfocado, ocupado, exitoso.
6. Lo que otros mal entienden de mí:	Soy demasiado devoto de mi familia y ellos están por encima de cualquier otra cosa

Ejercicio 7: Explora Dónde Estás Ahora, Por Qué No Llegarías A Donde Deseas Y Qué Puedes Cambiar

Mucha gente piensa que hay claridad en ellos cuando han logrado llegar a metas y han trabajado en los pasos necesarios de la acción. Estas herramientas son importantes, pero son directamente relacionadas a tu habilidad de concentrarte en las cosas importantes. Hay dos puntos que deben ser factiblemente conocidos para que exista claridad:

1. ¿En dónde quieres estar cuando tu visión se vuelva realidad?
2. Un entendimiento objetivo de tus condiciones actuales

Estos dos puntos deben ser descritos en palabras que puedan ser fácilmente comprendidas, y deben entender bien los por qué. Debes comprender por qué quieres ir hacia dónde quieres ir, y debes comprender por qué estás donde estás hoy en día. Analizar tus fortalezas, debilidades, oportunidades y amenazas incrementa tu habilidad de concentración y te mantiene enfocado en lo primordial.

Análisis SWOT (por sus siglas en ingles)
Haciendo uso del siguiente formulario, documenta tus:

1. Fortalezas (herramientas principales para el apalancamiento)
2. Debilidades (áreas para mejorar o cambiar)
3. Oportunidades (obstáculos, imposiciones sociales o auto-impuestas a vencer)
4. Amenazas (razones por las cuales fracasarías)

Análisis SWOT: Ejemplo

1. Fortalezas	
2. Debilidades	
3. Oportunidades	
4. Amenazas	

Análisis SWOT: Ejemplo

1. Fortalezas	Educado, inteligente, buenos contactos, excelente organización y equipo, familia saludable, esposa solidaria, fuertes negocios, clientes satisfechos, curva de crecimiento ascendente.
2. Debilidades	Administración de tiempo, no delegar tanto o tan bien como debería, propenso a la procrastinación, me irrito ocasionalmente con mi equipo y con mi familia.
3. Oportunidades	Delegar más, contratar un asistente, tener más tiempo para mí y para mi familia, crear listas de tareas diarias, asociarme estratégicamente con otros que puedan ayudarme a construir mi negocio.
4. Amenazas	Fuerte competencia, economía inestable, mantener a mi equipo motivado y leal, pasar tiempo de calidad con mi familia antes de que los niños crezcan.

Ejercicio 8: Documenta el Propósito y Valor de tu Visión

Una visión sin un claro propósito y fuerte valor puede ser percibida como caprichosa y no creíble. Por ello, debes definir concisamente el propósito y valor de tu visión y comunicar el propósito y valor a todos los implicados en crear y alcanzar los resultados deseados. Definir tu visión te permite comunicar de mejor manera por qué tu visión debería ser creída y respaldada.

Propósito y Definición de Valores

Vuelve a hacer referencia de tu visión (Ejercicio 5) haciendo uso del siguiente formulario. Considera y documenta:

1. ¿Por qué es importante tu visión para ti?
2. ¿Por qué el éxito de tu visión es importante para otros?

Propósito y Valor de tu Visión

1. Por qué es importante mi visión para mí:	
2. Por qué el éxito de mi visión es importante para otros:	

Propósito y Valor de tu Visión

1. Por qué es importante mi visión para mí:	Mi visión es importante para mí porque creará la seguridad financiera a largo plazo que requiero.
2. Por qué el éxito de mi visión es importante para otros:	Mi seguridad y éxito financiero afectan directamente a mi familia y a mis empleados.

Ejercicio 9: Crea tu propia Receta para la Claridad

La definición básica de la claridad es: tener un concepto sin restricciones de tu visión, que se resume en qué es lo que quieres y por qué lo quieres, alimentado de un entendimiento de su propósito y su valor. Cuando las personas comprenden el porqué de las cosas (por ejemplo, del propósito y valor), la combinación produce un nivel de claridad de suficiente influencia en la motivación. Esto se convierte en el combustible de un cambio voluntario y permite que seas llevado hacia tu visión, en vez de ser obligado a hacerlo.

$$\frac{(qué + por\ qué)}{(propósito + valor)} = claridad$$

La Ecuación de la Claridad

Tu Ecuación de Claridad

Haciendo uso de tus respuestas en el Ejercicio 5 y 8 (tu visión y su propósito y valor), crea tu propia Ecuación de Claridad en el siguiente formulario. Documenta lo que realmente quieres, de manera personal y profesionalmente, por qué lo quieres, por qué es importante para ti y por qué es importante tu éxito para los demás.

Mi Ecuación de Claridad

Qué	+	Por qué:
Propósito:	+	Valor:

Mi Ecuación de Claridad: Ejemplo

Qué: Comenzar mi propio negocio de consultoría y tener un ingreso de $100,000 dólares el primer año de operación.	+	Por qué: Esto incrementará mi situación financiera.
Propósito: Esto creará a largo plazo mi seguridad financiera	+	Valor: Mi seguridad financiera y mi éxito afectan directamente a mis empleados.

Ahora que has creado tu Plan de Acción de Claridad, estás listo para la siguiente serie de ejercicios, que te ayudarán a desarrollar tu Plan de Acción de Concentración. Saber cómo y en qué concentrarte es el segundo paso para implementar la Aceleración Estratégica y eso te programa para ejecutar tu visión de forma exitosa.

APÉNDICE B

Creando tu Esquema de Concentración

Necesitas desarrollar hábitos para concentrarte completamente y producir éxito a largo plazo.

En el Apéndice A, desarrollaste tu Plan de Acción de Claridad para ayudarte a tener una percepción real de tu visión. Ahora debes tener una buena idea de lo siguiente:

- *Qué* quieres realmente
- *Por qué* lo quieres
- *Cómo capitalizar* en tus aspectos positivos y maximizar su efectividad
- *Qué debe cambiar* para que puedas ser más exitoso

Tienes claro tu camino a tomar, y entiendes todas las razones por las que lo tomas. Tienes la claridad de tu lado y estás listo para el siguiente paso: *desarrollar concentración.*

La claridad y la concentración se relacionan estrechamente, y debes pensar que son casi lo mismo. Sin embargo, la claridad *antecede* a la concentración y la claridad juega un rol mayor en hacer de la concentración una posibilidad. Cuando hay claridad en lo que quieres (y en el valor de lo que quieres hacer), tienes la habilidad de identificar las actividades de alto apalancamiento que merecen más de tu tiempo. En ese sentido, la claridad es el fundamento en el que debes concentrarte. Aunque tanto la claridad como la concentración son naturalmente estratégicas, ambas son distintas:

- La claridad es una *condición estratégica* que te permite ver claramente hacia dónde deseas ir.
- La concentración es una *habilidad estratégica* que debes aprender para permitir mantenerte en el camino, perseverar y terminar bien.

Creando tu Plan de Acción de Concentración

Entonces ¿Cuál es el siguiente paso para implementar tu Aceleración Estratégica? Crear tu Plan de Acción de Concentración (formularios que puedes descargar en www.tonyjeary.com), que te ayudará a desarrollar habilidades estratégicas y tener éxito. El Plan de Acción de Concentración es un plan detallado que resalta todo en lo que debes concentrarte a medida que vayas tras tu visión y avances en tus metas y objetivos estratégicos. En este capítulo, harás uso de cuatro ejercicios para aprender a examinar críticamente dónde deseas ir y dónde estás *realmente* ahora, a identificar actividades de alto apalancamiento, eliminar distracciones y desarrollar visión y hábitos que cambiarán tu vida.

Ejercicio 10: Evalúa tus Actuales Habilidades de Concentración: Ten un diario de dos semanas para determinar dónde estás ahora.

Ejercicio 11: Mejora tus Habilidades de Concentración: Da un vistazo al diario y ve qué mejoras puedes hacer.

Ejercicio 12: Aclara tus Condiciones Actuales: Comprende tus Aspectos Estratégicos Positivos y Aspectos Estratégicos Negativos.

Ejercicio 13: Desarrolla tu Plan Estratégico: Documenta lo que quieres y cómo lo harás, asegurándote de estar concentrado en actividades de alto apalancamiento.

• • •

Después de trabajar con estos ejercicios, comenzarás con la última fase de implementación de la Aceleración Estratégica. En el Apéndice C, desarrollarás tu Plan de Acción de Ejecución, o un conjunto de herramientas para ayudarte a crear habilidades de apalancamiento y hacerte experto en otras, y realizar finalmente el éxito holístico de tu visión.

Ejercicio 10: Evalúa tus Actuales Habilidades de Concentración

Determinar tu necesidad de concentración implica inicialmente comprender qué es la concentración y cómo puede verse en peligro. También implica tener un entendimiento de qué tan bien (o mal) te concentras actualmente.

Diario de Concentración de Dos Semanas

Escribe tus prioridades para cada día y las cosas específicas que piensas hacer para *finalizar* cada día; después toma nota de todo lo que te pasa a lo largo del día. Ten particularmente en mente anotar cada distracción que se te presente y la cantidad de tiempo que invertiste en aquella distracción. Si anotas fielmente esto durante dos semanas, tendrás una imagen más clara de lo que sucede en tu vida cada día respecto a la concentración.

Debajo hay un formulario muestra que puedes usar para tu propio diario. Después se da un ejemplo de cómo puedes planear y examinar tu propio día.

Diario de Concentración de Dos Semanas

Fecha:	
Prioridades de Hoy:	1. 2. 3. 4. 5.
Tareas de Hoy:	1. 2. 3. 4. 5.

Actividad/ Distractor	Descripción	Tiempo invertido
Hora:		

Diario de Concentración de Dos Semanas: Ejemplo

Fecha:	17 de Julio de 2008
Prioridades de Hoy:	1. Comenzar a mejorar mi sitio web 2. Cerrar más negocios 3. Entender la situación financiera actual
Tareas de Hoy:	1. Trabajar en las plantillas con el diseñador web 2. Crear una copia web actualizada 3. Dar seguimiento a los clientes potenciales de la semana anterior 4. Llamar a al menos cinco prospectos 5. Revisar el libro de anotaciones con el contador

Actividad/Distractor	Descripción	Tiempo invertido
Hora: 8:00am	Llamada con mi Diseñador Web	.75
9:00am	Bocetar la copia de la página	.25
9:30am	Mensaje de voz a dos clientes prospectos	.25
10:00am	Devolver llamada de cliente prospecto	.50
10:30am	Mensaje de voz a dos nuevos prospectos	.25
10:45am	Llamada telefónica no programada de mi distribuidor	.50
1:00pm	Visita no programada de Mark en Recursos Humanos	.25
1:30pm	Llamada de mi prospecto	.50
2:30pm	Llamada no programada de VP	1
3:30pm	Visita no programada de Nan	.25
3:45pm	Cita con Contador	2
6.00pm	Manejé a casa. Hubo tráfico.	1.5
8:00pm	Continué con la copia del sitio web	.50

Ejercicio 11: Mejora tus Habilidades de Concentración

Ahora que completaste tu Diario de Concentración de 2 Semanas, debes tener una imagen más clara de lo bien que te concentras actualmente. Estás en posición también de tomar una decisión informada de hacer un compromiso para mejorar.

Evaluación del Diario

Cuando termines tu Diario de Concentración, busca cuantos minutos al día pierdes en distracciones que dispersan tu mente y te encaminan a actividades no planeadas. Específicamente, da un vistazo más de cerca a las prioridades que has establecido para cada día y las cosas específicas que piensas terminar cada día. Haz una lista de las prioridades y tareas que no completaste el día en cuestión y somételas a estos cuestionamientos:

- ¿Por qué no completé el trabajo que tenía previsto completar cada día?
- ¿Qué fue lo que pasó que me hizo no completarlo?

Hay cuatro hechos y características estratégicas respecto a tu comportamiento que confirman tu habilidad de ejecutar y concentrarte a un nivel más alto:

1. Menos distracciones
2. Más actividades de alto apalancamiento
3. Ejecución a tiempo
4. Productividad incrementada

¿Ves alguna mejoría en estas áreas?

Ejercicio 12: Aclara tus Condiciones Actuales

Hay dos importantes categorías de información que deben ser reunidas para producir claridad respecto a tu condición actual: aspectos estratégicos positivos y aspectos estratégicos negativos.

Aspectos Estratégicos Positivos

Los Aspectos Estratégicos Positivos son las fortalezas que posees y que impactan con más poder en tu capacidad de tener éxito. Hay cinco preguntas que puedes hacerte que te ayudarán a identificar estas fortalezas, enlistadas en el siguiente cuestionario:

Mis Aspectos Estratégicos Positivos

Pregunta	Definición	Respuesta
1. ¿Cuál es mi ventaja competitiva?	Cosas que vuelven a tu oferta algo único y determinan el mercado y el éxito en general.	
2. ¿Qué es lo que me ha vuelto bueno?	Cosas que han producido los fundamentos de tu éxito actual.	
3. ¿Cómo me ven mis clientes y socios?	Qué visión tienen de ti tus clientes y empleados al igual que el valor que reciben de tu oferta y por qué habrían de comprarla.	
4. ¿Cuáles son los tres factores clave que determinan mi habilidad de triunfar?	Dos o tres principios base estratégicos que te lleven al éxito a largo plazo.	
5. ¿Qué oportunidades estratégicas existen y que debería perseguir?	Cómo puedes añadir valor a tu producto o servicio o crear nuevas oportunidades.	

Mis Aspectos Estratégicos Positivos: Ejemplo

Pregunta	Definición	Respuesta
1. ¿Cuál es mi ventaja competitiva?	Cosas que vuelven a tu oferta algo único y determinan el mercado y el éxito en general.	• Buena reputación • Fuerte presencia de la marca • Producto de alta calidad • Proceso propietario
2. ¿Qué es lo que me ha vuelto bueno?	Cosas que han producido los fundamentos de tu éxito actual.	• Ética de trabajo • Equipo talentoso • Oferta de producto única • Fuertes recursos de mercadotecnia
3. ¿Cómo me ven mis clientes y socios?	Qué visión tienen de ti tus clientes y empleados al igual que el valor que reciben de tu oferta y por qué habrían de comprarla.	• Precios bajos • Marca reconocible • Buen servicio • Buen valor hacia el dinero
4. ¿Cuáles son los tres factores clave que determinan mi habilidad de triunfar?	Dos o tres principios base estratégicos que te lleven al éxito a largo plazo.	• Siempre brindar un valor que exceda las expectativas de mis clientes • Completar tareas y proyectos más allá de mi agenda • Crear y sostener una marca ampliamente consistente que refleje el valor que mi cliente recibirá
5. ¿Qué oportunidades estratégicas existen y que debería perseguir?	Cómo puedes añadir valor a tu producto o servicio o crear nuevas oportunidades.	• Convertir negativos a positivos • Conocer mejor las necesidades de los clientes • Establecer y cumplir con fechas límite más agresivas

Los aspectos estratégicos negativos son los factores que contribuyen con más fuerza a fracasar o a tener resultados menos satisfactorios. Las cuatro preguntas listadas en el siguiente cuestionario te ayudarán a identificar estos aspectos negativos.

Mis Aspectos Estratégicos Negativos

Pregunta	Definición	Respuesta
1. ¿Qué quejas internas han creado cambios históricos y han afectado el nivel de satisfacción de mis empleados?	Quejas consistentes que vienen desde adentro	
2. ¿Cuáles son las tres principales quejas de mis clientes?	Quejas consistentes que vienen del exterior	
3. ¿Qué piensa mi competencia que uso como atajos estratégicos?	Lo que la competencia dice de tus debilidades estratégicas	
4. ¿Cuáles son los tres factores que pueden llevarme a la pérdida?	Situaciones que contribuyen frecuentemente al fracaso	

Mis Aspectos Estratégicos Negativos: Ejemplo

Pregunta	Definición	Respuesta
1. ¿Qué quejas internas han creado cambios históricos y han afectado el nivel de satisfacción de mis empleados?	Quejas consistentes que vienen desde adentro	• Muchas juntas • Trabajos abrumadores • Poca distribución de publicidad • Gerencia draconiana
2. ¿Cuáles son las tres principales quejas de mis clientes?	Quejas consistentes que vienen del exterior	• Poca confianza • Altos precios • Escasez de experiencias positivas de servicio al cliente
3. ¿Qué piensa mi competencia que uso como atajos estratégicos?	Lo que la competencia dice de tus debilidades estratégicas	• Gerencia inestable • Mercado saturado • Poco valor de calidad del producto
4. ¿Cuáles son los tres factores que pueden llevarme a la pérdida?	Situaciones que contribuyen frecuentemente al fracaso	• Altos precios • Inhabilidad de comunicar el valor • Inhabilidad de comunicar efectivamente la posición de ventas

Ejercicio 13: Desarrolla tu Plan Estratégico

En un plan estratégico ideal, hay tres niveles de concentración que respaldan la ejecución de la visión, y producen a nivel colectivo el poder de dirigirte al otro lado de la brecha del éxito. Este ejercicio te ayudará a definir y documentar lo siguiente:

Estrategias

En el primer nivel están las estrategias que debes ejecutar para ejecutar tu visión de manera exitosa. Las estrategias representan en qué debes *convertirte* a lo largo del camino mientras cruzas la brecha hacia tu visión. Las estrategias tratan de crear las condiciones que produzcan ventajas únicas y competitivas que van de la mano con el hecho de ejecutar tu visión de forma exitosa. Las estrategias deben relacionarse a la *creación de valores* y a la *mejora de valores* debido a que es lo que crea la sustentabilidad a largo plazo de tu ventaja y éxito competitivos. Por esa razón, crear estrategias relevantes es el factor de éxito más importante en cuestión de lograr identificar tus actividades de alto apalancamiento.

Objetivos

En el segundo nivel están los objetivos que te llevan a ejecutar exitosamente tus estrategias. Estas metas son más tácticas por naturaleza. Lo más importante a recordar respecto a la creación de los objetivos del segundo nivel es que deben basarse en estrategias creadas en el nivel 1. Los objetivos son componentes específicos de lo que tu estrategia debe lograr, y representan los objetivos más importantes para lograr estas estrategias. Cuando comienzas a establecer tus objetivos, comienzas la transición entre concentrarte en la(s) acción(es) que necesitas ejecutar en el presente. En contraste, las estrategias creadas en el nivel 1 tienen más *perspectiva a largo plazo* y representan qué tan lejos puedes ver. Los objetivos que creas para lograr estas estrategias representan las *tareas más inmediatas* que puedes ejecutar para que puedas realmente ir más allá de lo que puedes ver.

Acciones

Finalmente, en el nivel 3, ves las acciones o pasos específicos que debes completar para alcanzar tus objetivos de forma exitosa. Los pasos de acción son mini-objetivos hechos de *cosas específicas que debes hacer diaria y semanalmente*. Los pasos de acción son los elementos más inmediatos con los que debes trabajar y siempre están en el presente cercano. Considera si el paso de acción tendrá un impacto directo para ayudarte a completar exitosamente el objetivo hacia lo que se relaciona.

A continuación, presento un formulario en blanco que puedes usar para comenzar a desarrollar tu propio plan estratégico. Recuerda que una visión puede tener más de una estrategia, y una estrategia puede tener más de un objetivo. Este formulario lo mantiene simple, pero puedes expandirlo fácilmente para ajustar los requisitos específicos de tu visión. Después de este formulario hay un ejemplo de cómo puedes llenar tu propio plan.

Plan Estratégico

Visión:	
Nivel 1 – Estrategia	
Nivel 2 – Objetivo	
Nivel 3 – Acciones	

Plan Estratégico: Ejemplo

Visión: Mejorar mi situación financiera aumentando mis ingresos	
Nivel 1 – Estrategia	Avanzar en la carrera, obtener un aumento.
Nivel 2 – Objetivo	Ser promovido al siguiente nivel de gerencia.
Nivel 3 – Acciones	Reunirme con el supervisor para hablar de mis fortalezas y debilidades (determinar el panorama actual).
	Determinar lo que necesito hacer para ascender en la escalera corporativa (entrenar, hallar reemplazos, etcétera).
	Establecer con mi jefe ciertos logros para probar que estoy listo para tomar el siguiente nivel de responsabilidad.
	Ir tras los logros impuestos por mi jefe.
	Reunirme con mi jefe para revisar el entrenamiento y otros asuntos y hablar de mi ascenso

APÉNDICE C

Creando tu Plan de Acción de Ejecución

*La ejecución de tu visión significa
fusionar toda tu claridad y concentración
para comunicarte estratégicamente
y lograr resultados.*

Como sabes, la claridad te da poder para saber claramente hacia dónde deseas ir, y la concentración te permite permanecer en el camino, perseverar y tener buenos resultados. En el Apéndice A creaste tu Plan de Acción de Claridad para ayudarte a definir tu visión, el por qué vas tras ella, cómo sacar el mejor provecho de tus fortalezas y qué se debe alterar para asegurarte de estar desempeñando tus habilidades de mejor manera. El Apéndice B te ayudó a desarrollar tu Plan de Acción de Concentración para mostrarte *dónde* estás ahora respecto a tus habilidades de concentración, qué necesita ser mejorado y en qué necesitas concentrarte. Estás ahora listo para el último paso del proceso de la Aceleración Estratégica: *la ejecución*, que es el acto de fusionar toda tu claridad y tu concentración para comunicarte estratégicamente, exceder las expectativas y concretar tu visión.

Los seis ejercicios en este capítulo (con formularios disponibles en www.tonyjeary.com) te ayudarán a desarrollar las habilidades que te permitirán ejecutar tu visión a plenitud:

Ejercicio 14: Determina Qué Decir Y Cómo Decirlo: Aprende la

Técnica del Esquema 3D para ayudarte a dar cada presentación con máximo impacto.

Ejercicio 15: Da Valor Y Haz Más De Lo Esperado: Determina cómo es que puedes exceder las expectativas de otros y da valor inesperado a ello.

Ejercicio 16: Documenta Qué Es Lo Que Está Funcionando Bien Y Los Qué No: Identifica las cosas que haces que producen mayor impacto, y busca también qué es lo que puede reducir tu efectividad.

Ejercicio 17: Describe Tu Esperanza Y Metas A Futuro: Crea una declaración de visión que señale el futuro como un hecho y que de a otros claridad acerca de tu visión.

Ejercicio 18: Examina Los Comportamientos Que Debes Valorar: Documenta qué es lo más importante para ti para que los demás comprendan tus prioridades.

Ejercicio 19: Comprende Qué Eres Y Qué Quieres Ser: Crea las declaraciones que formen tus imágenes de influencia que transmitan una presencia estratégica.

• • •

Una vez creando tu Plan de Acción de Ejecución, estás listo para unirlo con tus Planes de Acción de Claridad y Concentración. Revísalos frecuentemente para asegurarte de seguir teniendo claridad, concentración y ejecutar con impacto. Tu visión puede cambiar, su propósito y su valor pueden cambiar, tus actividades de alto apalancamiento pueden cambiar, y lo más importante, tú puedes cambiar. De hecho, espero que aprender sobre el proceso de Aceleración Estratégica sea un catalizador de tremendos cambios en cómo te ves a ti mismo, cómo te mueves en el mundo, cómo ejecutas y vas tras tu visión. Estos planes de acción forman el mapa que te guía y se asegura de mantenerte en el camino del crecimiento, dándote los resultados reales que deseas.

Son bienvenidos todos tus comentarios y reportes acerca de tu progreso; por favor escríbeme a tonyj@tonyjeary.com y permíteme saber cómo fue que este libro te ayudó a tener éxito en la velocidad de la vida. Permíteme saber cómo yo o mi equipo podemos ayudarte a ti o a tu compañía. Amamos dar resultados y ayudar a la gente a tener éxito ¡mucho éxito!

Ejercicio 14: Determina Qué Decir Y Cómo Decirlo

La Estrategia de Comunicación Efectiva requiere que planees qué es lo que quieres decir y cómo es que *entregarás* tal mensaje. Como sabes, la ejecución exitosa de tu visión depende en qué tan efectivamente puedes persuadir a otros a ayudarte. Puede que necesites explicar tu objetivo y su importancia a algún miembro de tu familia, a un grupo de inversionistas, a una organización entera, o a tu equipo. Una entrega efectiva te permitirá convencer a otros de tomar acción por ti. Este ejercicio te enseñará el proceso del Esquema 3D, que describe *qué* quieres decir, *por qué* deberías decirlo y por supuesto, *cómo* decirlo. Destaca todas las acciones detrás de una entrega exitosa.

Esquema 3D

Esta matriz te ayudará a organizar tus pensamientos y acciones dándote espacio para documentar la información respecto a tu público, objetivos, puntos clave, tiempo y más. Después de usarla unas cuantas veces, te darás cuenta de cómo puedes personalizarla para encajar en las necesidades únicas de presentación. Ya sea que lo presentes a una sola persona o a un grupo, el Esquema 3D te permite tener todo lo que necesitas en el camino.

Esquema 3D

Título de la Presentación:			Fecha de Entrega:	
Audiencia:			Hora de Inicio:	
Objetivos:			Hora de Finalización:	

| Preparación Final: | [ ] | | [ ] | | |
| | [ ] | | [ ] | | |

#	Hora de Comienzo	Duración	Qué	Por qué	Cómo	Quién
1.						
2.						
3.						
4.						
5.						
6.						
7.						
8.						
9.						
10.						

Esquema 3D

Título de la Presentación:	Avanzando: La Nueva Visión del Equipo		Fecha de Entrega:	08/08
Audiencia:	Directores, gerentes, personal administrativo, internos		Hora de Inicio:	9:00 a.m.
Objetivos:	• Explicar la Nueva Visión • Crear compromiso y aprobación	• Describir las responsabilidades • Entusiasmar e inspirar	Hora de Finalización:	11:00 a.m
Preparación Final:	[ ] Imprimir Materiales		[ ] Crear un video acerca de la visión con el grupo de lideres	
	[ ] Disponer de una amplia Sala de Conferencias		[ ]	

#	Hora de Inicio	Duración	Qué	Por qué	Cómo	Quién
1.	9:00 am	15	Introducción: propósito, procesos, pagos	Describir objetivos, agenda, beneficios	De pie	Kyle
2.	9:15 am	15	Video de la Visión	Crear entusiasmo	Video	Kyle
3.	9:30 am	15	Descripción de la Visión	Explicar nuevas metas	De pie, diapositivas.	Kyle
4.	9:45 am	30	Lo que esto significa para ti	Compartir lo que se espera cambios, nuevas responsabilidades.	De pie, diapositivas.	Kyle
5.	10:15 am	30	Preguntas e Inquietudes	Atender	Debate	Kyle, Directores.
6.	10:45 am	10	Cómo lo haremos	Determinar las metas en equipo	Actividad grupal	Directores, personal administrativo, internos
7.	10:55 am	5	Conclusión	Cierre del Día	De pie.	Kyle
8.						
9.						
10.						

Ejercicio 15: Da Valor Y Haz Más De Lo Esperado

Mi padre me enseñó el principio de negocios más importante de mi vida: "¡Da valor, haz más de lo esperado!". Para que las personas y las empresas concreten su visión y tengan éxito realmente, este principio debe guiarte a todos los procesos de pensamiento.

Exceder las Expectativas

Este ejercicio te ayudará a determinar cómo es que puedes exceder las expectativas de los demás y darles valor inesperado. Se te pedirá considerar y documentar tus mejores talentos y habilidades, tus amores y pasiones, tus singularidades y valor, y cómo puedes apalancar cada una de ellas de mejor forma. Finalmente, escribirás un "Testimonio Fantasía", algo que te gustaría que un fanático entusiasta dijera acerca de ello. Al final del ejercicio sabrás cómo puedes capitalizar de mejor manera en lo que te vuelve realmente *tú*, lo cual te permitirá dar valor y hacer más de lo esperado.

Exceder las Expectativas

Pregunta	Tu Respuesta
¿Cuáles son tus talentos y habilidades?	
¿Qué es lo que amas hacer?	
¿Qué es lo que te apasiona?	
¿Qué es lo que te hace realmente único?	
¿Qué es lo que los demás valoran de ti?	
¿Qué puedes hacer para resaltar más o apalancar lo antes dicho?	
Escribe tu "Testimonio Fantasía (lo que te gustaría que algún fanático entusiasta dijera sobre ti)	

Exceder las Expectativas: Ejemplo

Pregunta	Tu Respuesta
¿Cuáles son tus talentos y habilidades?	Presentar, inspirar a otros, dar ejemplos positivos al equipo, manejo de tiempo, ser mentor.
¿Qué es lo que amas hacer?	Ayudar a otros a crecer, inspirarlos a cambiar positivamente, a hablar y entrenar.
¿Qué es lo que te apasiona?	El crecimiento, el cambio, ser positivo.
¿Qué es lo que te hace realmente único?	Que la gente escucha realmente cuando hablo; parecen comprometerse conmigo y con lo que tengo para decir.
¿Qué es lo que los demás valoran de ti?	Mi honestidad, integridad, autenticidad, mi evidente compromiso con el equipo, mi ética de trabajo.
¿Qué puedes hacer para resaltar más o apalancar lo antes dicho?	Hablar más sobre el por qué mis valores son importantes para mí, mostrar a otros cómo ser más efectivos a través de más asesoría y entrenamiento e interacción personal.
Escribe tu "Testimonio Fantasía (lo que te gustaría que algún fanático entusiasta dijera sobre ti)	"Carolyn es por mucho la líder más positiva y que apoya que he tenido hasta ahora. Siempre tiene tiempo para escucharme y guiarme, y me ha ayudado en verdad a crecer tanto personal como profesionalmente. Mediante sus enseñanzas he aprendido las habilidades que necesito para enseñar a los demás, y como resultado, nuestro equipo está más conectado y orientado al crecimiento que nunca antes."

Ejercicio 16: Documenta lo Qué Está Funcionando Bien Y Lo Qué No

Aquí identificarás cuáles son las cosas que haces y que producen mayor impacto al igual que las que, a decir verdad, reducen tu eficacia.

Matriz Más de/Menos de (MOLO)

La Matriz MOLO de te permitirá saber qué es lo que debes continuar haciendo para ir tras tu visión, al igual que lo que necesitas cambiar para ser más efectivo. Con esto, conocerás las actividades de alto apalancamiento que merecen más de tu tiempo y esfuerzo. Concentrarte en estas acciones te ayudará a mover la aguja de resultados.

Matriz MOLO

¿Qué necesito para...	Acciones	Por Qué
...hacer más de?		
...hacer menos de?		
...comenzar a hacer?		
...dejar de hacer?		

Matriz MOLO

¿Qué necesito para...	Acciones	Por Qué
...hacer más de?	Comunicarme con mi equipo acerca del estado del proyecto.	Mantiene a todos en la misma frecuencia.
	Hacer periódicamente eventos de fortalecimiento del equipo	Crea sinergia en equipo
	Delegar tareas administrativas a mi asistente	Libera mi tiempo de otras acciones
	Crear listas diarias de tareas y prioridades	Organiza mi día
	Revisar mi diario de concentración	Me mantiene concentrado
...hacer menos de?	Hacer tareas de otros	Me quita mi tiempo
	Preocuparme por el estado de los proyectos de otros	Absorbe mi atención y mi concentración
	Procrastinar financieramente	Crea más trabajo para el equipo
	Quedarme a trabajar hasta muy tarde	Da un mal ejemplo al equipo
	Dejar que otros conduzcan mis juntas	Me quita el control que necesito tener sobre este proyecto
...comenzar a hacer?	Enseñar a otros	Crea habilidades, da satisfacción
	Comer mi almuerzo todos los días	Me mantiene fuerte
	Revisar mis Planes de Acción	Me mantiene en el camino
	Motivar a mi equipo a tener Calendarios de Concentración	Incrementa la efectividad
	Crear agendas detalladas para cada junta	Ahorra tiempo y crea mejores resultados
...dejar de hacer?	Preocuparme	No trae nada bueno
	Micro gestionar	Crea resentimiento
	Llegar tarde a las juntas	Da un mal ejemplo
	Checar constantemente el celular	Disminuye la concentración
	Trabajar cada fin de semana	Impacta en la calidad de vida

Imágenes de Influencia

Como lo hablamos en el Capítulo 8, las imágenes de influencia que creas están formadas por todas las cosas que los demás ven en ti. Son formadas de distintas maneras, pero hay tres bloques de construcción estratégicos que son los más importantes:

1. La declaración de tu visión
2. Tus prioridades de conducta
3. Tus declaraciones y características de presencia

Los siguientes tres ejercicios te ayudarán a crear estos tres bloques de construcción, asegurándote de tener imágenes de influencia congruentes y auténticas.

Ejercicio 17: Describe Tu Esperanza Y Metas A Futuro

Una declaración de visión expresa tu esperanza y la gran meta que tienes a futuro. Una declaración de visión es una declaración específica que señala al futuro como un hecho y brinda a otros un panorama más claro respecto a tu visión.

Declaración de Visión

A medida que vayas creando tu declaración de visión, debes considerar qué es lo que quieres, por qué lo quieres y qué cosas positivas sucederán cuando tu visión sea ejecutada.

Declaración De Mi Visión

Mi visión es:

Declaración De Mi Visión: Ejemplo

Mi visión es: Ser un elemento fuerte y estratégico para mi equipo, enfocándome constantemente en dar un gran valor y ser modelo de gran liderazgo. Esto continuará con la construcción de mi legado y será inspiración para aquellos a quienes lidero.

Ejercicio 18: Examina Los Comportamientos Que Más Valoras

Hay comportamientos que debes valorar y esperar en ti mismo y en otros. Cuando los demás entienden qué es lo más importante para ti, entienden tus prioridades y lo que más te importa.

Prioridades de Conducta

Aquí enlistarás los comportamientos que debes valorar, lo cual te permitirá mostrar estas mismas habilidades en tu persona en tus actividades diarias.

Mis Prioridades de Conducta

Prioridad de Conducta	Por qué es Importante	Cómo la Demuestro

Mis Prioridades de Conducta

Prioridad de Conducta	Por qué es Importante	Cómo la Demuestro
Ser comprometido con mi familia	Todas mis decisiones personales se basan en cómo beneficiarán a mis seres amados	Pensando mediante mis impactos, beneficios, etcétera. Haciendo preguntas, siendo empático.
Saber hacer buenas preguntas	Reúne información vital de otros	Preparando preguntas y pensando durante las respuestas
Ser bueno escuchando	Muestra concentración e importancia	Concentrarme totalmente en la persona que habla y tomar notas. (Sin celular, sin dispositivos, etcétera)
Tener una buena ética de trabajo	Asegura productividad y da un buen ejemplo	Llegar a tiempo, trabajar duro, mostrar comportamientos profesionales que alimenten mi ejecución y mi concentración
Servir como un líder fuerte	Un buen líder respalda a un buen grupo	Enseñando, escuchando, tomando clases de gestión, siendo profesional

Ejercicio 19: Comprende Lo Qué Eres Y Lo Qué Quieres Ser

Es importante que comprendas qué es lo que eres y qué es lo que quieres ser. Es de igual importancia que sepas qué es lo que no eres y qué es lo que no quieres ser. Debes no sólo determinar las respuestas a estas preguntas, también necesitas enseñarlas, hablar sobre ellas y permitirles ser reflejadas en todo lo que dices y haces. Ellas se convierten en declaraciones que forman imágenes de influencia que transmiten tu presencia estratégica.

Declaraciones de Presencia

Piensa en lo que más valoras en ti y en otros. Piensa en lo que quieres que otros vean y emulen en ti. Piensa, por otra parte, en lo qué no eres.

Mis Declaraciones de Presencia

Yo soy:	• • •
Yo no soy:	• • •

Mis Declaraciones de Presencia: Ejemplo

Yo soy:	• Disciplinado y trabajador • Empático y sensible a las necesidades de otros • Respetuoso de las fechas de entrega y orientado a mi equipo
Yo no soy:	• Procrastino y doy a otros los trabajos más difíciles • Continúo con mi agenda y metas sin tomar en cuenta a los demás • Llego tarde o no respeto las fechas de entrega

GLOSARIO

Acciones: Pasos específicos que deben estar orientados en hacerte cumplir tus objetivos.

Prioridades de Conducta: Prioridades que conducen los comportamientos que debes valorar y esperar en ti y en los demás. Cuando la gente comprende qué es lo más importante para ti, comprenden tus prioridades y lo que más importa respecto a sus propios comportamientos y acciones.

Ventana de Creencias: Es la forma en que vemos el mundo, nuestro papel en ese mundo, las relaciones que tenemos con todos en él. Contiene todo lo que crees que es verdadero, falso, correcto, incorrecto, apropiado, inapropiado, posible e imposible. Enmarca todas tus percepciones de la gente, lugares y cosas, y crea las percepciones y sentimientos que tienes hacia todo. Tiene influencia en las acciones que tomas respecto de aquellas mismas personas, lugares y cosas. Determina todas tus elecciones y acciones, y facilita información que consideras importante para que entre en tu mente y sea retenida. También bloquea lo que no consideras importante y descarta información y circunstancias que no crees necesitar.

Claridad: Comprender claramente tus objetivos y sus "por qué" e ir tras ellos (personal y profesionalmente). Puede también ser descrito como tener una visión sin límites, lo que significa qué quieres y por qué lo quieres, alimentado de un entendimiento de su propósito y valor.

Plan de Acción de Claridad: Es un plan que incluye lo que quieres hacer, por qué quieres hacerlo y cómo lo harás, al igual que el beneficio de hacerlo y el resultado negativo de no hacerlo.

Efecto de Claridad: Es el poder de una clara visión que otorga la habilidad de ver e ir tras las acciones necesarias.

Ecuación de Claridad: Tu visión y el por qué la quieres, alimentado de su propósito y valor, de claridad equitativa.

Zonas de Confort: Es un estado mental en el que alguien ha perdido la oportunidad de ir tras su visión porque ha aceptado el lugar en dónde se encuentra como si fuera lo mejor que necesita ser o hacer.

Ventaja Competitiva: Son los factores que vuelven únicos a ti, a tu compañía, a tus productos y servicios y que impactan tu mercado y te traen éxito. Los recursos disponibles y tus capacidades organizacionales se combinan para formar tus competencias distintivas (o las de tu organización).

Opinión Competitiva: Lo que tus competidores creen que son tus atajos estratégicos.

Condiciones Actuales: Es la Visión de dónde quieres estar comparada con la realidad de en donde estas. Las actividades de alto apalancamiento son descubiertas en la brecha entre estas dos.

Distracción: Lo opuesto a la concentración. Esto ocurre cuando permites que algo entre a tu mente y te aparte de hacer lo que deberías estar haciendo. Es el camino de menos resistencia porque la actividad que resulta más natural para tu mente es tomar información.

Escalera de Efectividad: Son los cuatro pasos específicos para ser más efectivo en lo que haces. Peldaño No: 1: Estar al tanto de la Necesidad: Te mantienes al tanto de algo que no puedes hacer. Peldaño No. 2: Clarificar la necesidad: Estás al tanto de lo que no sabías. Sin embargo, sigues sin poder hacerlo. Peldaño No. 3: Concéntrate en la necesidad: Te familiarizas con la necesidad que has descubierto, y comienzas a tomar acción para responder a ella. Peldaño No. 4: Ejecuta la Solución: La tarea en cuestión se convierte de segunda naturaleza para ti, y puedes ejecutar de forma efectiva las habilidades que has aprendido.

Exceder las Expectativas: Crear experiencias positivas que la gente no espere. Dar valor y hacer más de lo esperado.

Ejecución: El acto de combinar toda tu claridad y concentración para comunicarte estratégicamente, tomar acción, exceder las expectativas y concretar tu visión.

Factores de Fracaso: Los elementos principales que pueden causarte la pérdida de lo que sea en lo que estés trabajando.

Necesidades Palpables: Sentir que algo nuevo se necesita para dar soluciones que puedas implementar. Mucho antes de que sean descubiertas las soluciones para los problemas y retos importantes, puedes describir el problema y los intentos que has hecho para resolverlo, pero no puedes señalar una prescripción exacta para solucionarlo.

Concentración: La habilidad de concentrarse en lo que es realmente importante e ignorar lo que no lo es. Esta es una habilidad de pensamiento que es alcanzada como resultado de una disciplina mental.

Actividades de Alto Apalancamiento: Acciones que son más relevantes para tu agenda estratégica, tu éxito y tu alcance, y que sobre todo impactan directamente en los resultados que necesitas y deseas. La habilidad de identificar y concentrarte en estas actividades significativas es el factor más grande para mejorar y acelerar los resultados.

Historia: Lo que ha producido los fundamentos de tu éxito. Estar al tanto de estos factores de éxito históricos es importante, y necesitas avaluarlos respecto de su relevancia actual.

Pensamiento "y si hubiera…": Las explicaciones ocasionalmente creadas cuando un plan o estrategia se complica y los resultados son menores a los esperados. Por ejemplo "Si hubiera sabido esto, entonces yo pudiera/hubiera/desearía haber hecho aquello…"

Imágenes de Influencia: Es lo que otros ven que haces, lo que afecta sus percepciones, actitudes y comportamientos en sutiles pero poderosas maneras. La autenticidad de estas imágenes de influencia es de vital importancia para tu éxito.

Matriz Más de/Menos de (MOLO): Identifica las cosas que haces que producen un mayor impacto, al igual que las cosas que puedan de hecho reducir tu efectividad.

Procrastinación Negativa: Es cuando evitas hacer algo basado en excusas. Esto afecta tus resultados de formas negativas.

Expectativas neutrales: Una descripción de referencia de las condiciones actuales o de lo que percibimos proveniente del status quo.

Objetivos: Declaraciones de acción que definen una categoría de resultados. Nótese cómo los objetivos más fuertes comienzan con una palabra de acción.

Inventario de Oportunidades: Examinar y documentar tus mayores fortalezas y debilidades, las cosas que realmente deseas hacer y lo que otros valoran más de ti.

Energía Organizacional: La suma colectiva de la chispa humana que empodera el deseo de ganar, produce creatividad, apoya la persistencia y establece los fundamentos de compromiso organizacional. Cuando la energía organizacional es degradada o se pierde, todas estas cualidades comienzan a disminuir y la habilidad de lograr resultados superiores es menos probable.

Procrastinación Positiva: Cuando legítimamente necesitas un poco de tiempo de "consentimiento mental" para reunir tus pensamientos y tener más claridad respecto a lo que necesitas hacer.

Declaraciones de presencia y características: Lo que eres y lo que quieres ser, al igual que lo que no eres y lo que no quieres ser.

Fundamentos de la Procrastinación: Creencias estratégicas que te hacen procrastinar.

Producción: Completar tareas y proyectos en lapsos reducidos de tiempo.

Producción antes que Acción (PBP): Trabajar en paralelo, ajustando el proyecto a medida que progresas, en vez de esperar que cada aspecto del mismo sea un perfecto, alineamiento lineal (Introducido en Aceleración Exitosa, Riverside,

Poder de empuje: El catalizador para el cambio voluntario que surge de ser claro en lo que realmente se quiere.

Propósito: Por qué lo que quieres es importante para ti y para otros. Es un concepto trascendente que se envuelve en tu visión y la saca adelante.

Satisfacción: Las opiniones y creencias que tus clientes y empleados tienen sobre ti, tu oferta y su valor.

Velocidad de la Vida: Es el apresurado estilo de vida y las oportunidades, elecciones y presiones que se presentan a diario, influenciadas por la tecnología, acceso a la información, habilidades de comunicación e innovación acelerada.

Aceleración Estratégica: La habilidad de acelerar el cambio e incrementar la efectividad más rápidamente, alimentada por la claridad, comprometida con la concentración y convertida en resultados superiores por medio de la ejecución.

Creencias Estratégicas: Formas de pensar respecto a lo que se requiere para tener realmente éxito en tu vida profesional y personal. La palabra "estratégica" lidia con los "por qué", del mismo modo que la palabra "táctica" lidia con los "cómo". Por ello, tu ventana de creencias (el "por qué" detrás tus acciones y elecciones) es un conjunto de creencias estratégicas.

Impaciencia Estratégica: La habilidad de manejar la propia paciencia para asegurarse de que ello no afecta la ejecución ni la transforma en procrastinación. En vez de eso, debe ser usada como herramienta para motivarte a tomar acción y hacer las cosas.

Apalancamiento Estratégico: La habilidad de organizar tus metas y concentrarte en las actividades que producen resultados reales.

Aspectos Estratégicos Negativos: Los factores que con más poder contribuyen a que falles o tengas resultados menos satisfactorios.

Oportunidades Estratégicas: Caminos que se han abierto y se han evidenciado alcanzando claridad en tu visión; las elecciones que deberías tomar que añadirán valor a tu producto o servicio, capitalizar tus dones y fortalezas y cumplir de mejor manera con las necesidades de los clientes.

Plan Estratégico: Un plan que organiza tus metas de forma que reconoce tus necesidades específicas e identifica las actividades de alto apalancamiento. Es encumbrada por la visión que es respaldada por tres estrategias, objetivos y acciones.

Aspectos Estratégicos Positivos: Las fortalezas que posees que impactan con mayor poder tu habilidad de tener éxito.

Presencia Estratégica: La persona que define la percepción total que otros tienen sobre ti,

Principios Estratégicos: Lo que guía tu negocio, tus esfuerzos y tu éxito a largo plazo.

Estrategias: Metas que producen el más alto grado de apalancamiento estratégico.

Éxito: Alcanzar objetivos o metas previamente establecidos.

Valor: La razón por la cual tu visión es importante para otros. Es un asunto de percepción acerca de no sólo cumplir con tus expectativas, sino excederlas.

Visión: Lo que te motiva y te aporta el poder de cambiar tu comportamiento; es también la vara de medición que te ayuda a mantenerlo todo en orden a medida que ejecutas tus planes. Es creada al fusionar la oportunidad con fortalezas y talentos personales.

Creación de la Visión: El primer paso a la Aceleración Estratégica. El éxito y la obtención de resultados superiores comienza siempre con la visión. Una visión clara tiene el poder de producir cambios voluntarios consistentemente.

Declaración de la Visión: Una expresión de tu esperanza y de la gran meta que tienes a futuro. Una declaración de visión señala el futuro como hecho y da a otros claridad respecto de tu visión.

Cambio Voluntario: La voluntad de cambiar proactivamente, sin ser presionado por alguien más. Este tipo de cambio juega un gran papel en tu habilidad de tener éxito. Es la clave para el rompimiento de cualquier condición existente en tu negocio o vida personal que pueda estarte reteniendo.

SOBRE EL AUTOR

Cuando muchos de los altos ejecutivos del mundo buscan un colaborador estratégico, un facilitador o un coach, eventualmente terminan buscando a Tony Jeary. Tony ha pasado su vida y su carrera ayudando a otros a descubrir nueva claridad en su visión, a desarrollar concentración y crear poderosas estrategias de ejecución que impacten y produzcan resultados a nivel estratégico. Entre los clientes de Tony figuran grandes empresarios, líderes de altas corporaciones y equipos de administración progresiva.

Tony fue criado por padres empresarios que trabajaban en identificar y buscar nuevas oportunidades para servir a los demás. El padre de Tony le enseñó el poderoso principio que ha encaminado la vida personal y profesional de Tony: "Da valor, da más de lo esperado". Exceder las expectativas es el factor común que todos los clientes de Tony experimentan de primera mano.

El desarrollo del Proceso de Aceleración Estratégica de Tony Jeary es producto de su obsesión con el estudio de distinciones que caracterizan a los grandes triunfadores y organizaciones. Partiendo de este estudio, Tony descubrió y comprobó que la característica fundamental de los grandes realizadores era tener claridad en lo que realmente se desea y acoplar su visión a habilidades de concentración superiores y estrategias de ejecución.

Tony ha sido descrito como un gran motivador que facilita los cambios positivos de otros en su papel como colaborador estratégico. Su lista de relaciones personales y profesionales alcanza las veinte mil personas con quien ha conectado y ha mostrado su sincero interés en sus éxitos. Tony ha sido mentor personal de presidentes de organizaciones, incluyendo a la Ford, Wal-Mart, Samsung, EDS, ASTD, New York Life, Firestone y Sam's Club, por mencionar algunos.

Tony tiene una experiencia personal tanto con el éxito como con el fracaso. Ha hecho y ha perdido muchos millones de dólares antes de cumplir treinta. Hoy en día actúa conforme lo que predica y practica las distinciones que caracterizan la Aceleración Estratégica a nivel personal y profesional.

Tiene la bendición de un excelso matrimonio y de dos maravillosas hijas, con quienes ha sido co-autor de libros. Trabaja en el área de Dallas-Fort Worth desde su Estudio Privado de Aceleración Estratégica, que se posiciona cada año como cumbre de líderes de negocios.

CÓMO LE PODEMOS AYUDAR

Tony Jeary International es una firma altamente especializada dedicada a ayudar a individuos y organizaciones a acelerar sus resultados. Nuestros clientes son líderes de negocios y empresarios con deseos de acelerar su desempeño y abrirse camino en el mercado.

Trabajamos con organizaciones de todos los tamaños y niveles de madurez a quienes les motiva mejorar, crecer y sobresalir. Nuestras asignaciones primarias se centran en la planeación estratégica y la facilitación estratégica, basadas en la metodología remarcada en este libro.

Tony Jeary está disponible para dirigir a grupos de liderazgo corporativo y reuniones anuales, proporcionando alcances únicos y una energía contagiosa que produce nuevas formas de pensamiento estratégico en cada nivel organizacional.

Por favor llama al (877) 2 INSPIRE para más información o visita www.tonyjeary.com para ofertas detalladas y recursos gratuitos, y para hacer uso de nuestras asesorías exclusivas para evaluar rápidamente tu efectividad estratégica personal y organizacional.

RESULTS FASTER!

The Results FASTER! digital course gives you access to the tools, skills, and techniques utilized by top companies, CEOs, and super achievers who embrace Tony Jeary's revolutionary "more results in less time" approach to goal achievement.

Following Tony's Results FASTER! success framework, you'll learn, develop, and implement actionable strategies guaranteed to keep the "results needle" in your life moving forward faster than you ever thought possible.

Join Tony for 7 weeks of video lessons as he takes you by the hand and guides you toward more of the ideas, people, and attitudes essential to your success. During your RESULTS FASTER journey, you'll develop a long-term *Results Blueprint* and measure your progress following Tony's Personalized Results Audit.

PRODUCT OVERVIEW

Develop an "Extraordinary Results" Mindset
- Build a solid foundation for immediate results in your personal and professional life.
- Attract more of the ideas, experiences, and people who matter into your life and career.
- Learn to positively impact others and lead them toward helping you realize success.
- Master results-oriented thinking and multiply your overall effectiveness.

Approach Your Goals with Clarity and Focus
- Create a clear vision for your future and discover all the steps you'll take to get there.
- Learn to focus your energy on the high-leverage activities that matter.
- Use "Force Multipliers" to put more time back into your day, even as you achieve more.
- Follow your personal Results FASTER! blueprint and consistently move forward.

Stop Waiting and Start Seeing Results
- Immediately turn your long-term dreams into achievable short-term goals.
- Astound others as you accomplish more with less by "creating time out of thin air."
- Realize what really matters to you and approach your goals with feel-good focus.
- Uncover the secret to long-term success and constant personal and professional achievement.

VISIT TONYJEARY.COM/RESULTSFASTERWEBINAR

Custom Corporate-wide Licenses Are Available.

SUCCESS
ACADEMY